NBA傳奇

KOBE BRYANT

的 曼巴成功學

~小飛俠柯比激勵你的 **10** 堂課

暢銷書作家 **吳宥忠**／著

致青春

有多少人是先喜歡上你，才愛上了籃球

感謝青春有你，是你讓我熱愛籃球

一場場的經典賽事，令人反覆回味

一幕幕的霸氣絕殺，讓人熱血翻騰

誰的青春不是在為你歡呼、吶喊中成長

謝謝你帶給我們不可複製的美好

每一段青春回憶都有你的相伴

致 陪伴我們整個青蔥歲月的你

永遠的 24 號！

我們把青春獻給了Kobe，Kobe把青春獻給了籃球！

　　我們懷念 Kobe 的，不在於他數不清的豐功偉業，而是那種為了目標所付出的血淚，和他為我們見證的「夢想的力量」！

　　Kobe 在退休五年後、將踏入名人堂的前夕，走下了人生舞台；退休時賽後的一句「Mamba Out」，沒想到五年後真的就永遠離我們而去，他不幸墜機身亡的噩耗，令所有深愛他的球迷猝不及防，心碎地不願相信這是事實。Kobe 是一位極具個人魅力的球員，他的自我要求以及對目標堅持的曼巴精神，感動、鼓舞著世人，其堅毅的意志與影響力超過當代任何一位球星。

　　不斷努力、苦練熬出頭的 Kobe Bryant，曾說過：「你看過凌晨四點的洛杉磯嗎？若沒有，那你不配奪冠！」這句話成為他籃壇傳奇的名言之一。比你優秀的人比你還努力，這是最可怕的事情。Kobe 就是我們身邊那些自律人的代言人，在他取得的成績之後，我們看到的不是天賦，而是他那堅定的眼神和努力的汗水，與場上的黑曼巴形成鮮明對比的是場下的 Kobe，他總是那麼溫文爾雅，帶著一種大男孩般的微笑展示著他的幽默。很多人調侃 Kobe，人生最大遺憾就是沒有兒子繼承他的衣缽，但 Kobe 根本不在意，總是帶著女兒們一起打球，在一個專業球員的身份之外，我們看到了一個有愛的男人，溫暖著他的女兒們。

　　我們愛 Kobe，不僅僅是愛他在球場上瀟灑的動作、愛他斬獲的一場場的勝利，我們更愛的是在他身上，似乎總能看到青春中的某個自己。某個不諳世事的小子，某個不被看好的孩子，某個不服輸的瞬間，某個失敗

之後咬著牙狠狠努力的時光。我們愛老大的衝勁和灑脫，我們也愛黑曼巴的專注和高效。

自 NBA 退役之後，這個曾經在球場上讓人聞風喪膽的男人，還拿了個奧斯卡獎，可能在整個人類歷史上，同時拿到奧斯卡獎、艾美獎、NBA 總冠軍獎盃的，也只有 Kobe 一人了。

為了不讓自己有任何遺憾，Kobe 對待每件想做的事情，都是全力以赴，持續努力，正如他所說的：「持續努力，是你每天該負的責任。」與其說 Kobe 是個成功的人，不如說他擁有所有成功的特質，雖然他是籃球球星，但他的精神與態度，若是到任何領域、任何行業，都能取得成功，不管是在創業上、工作上、投資上，「自信」、「努力」、「自律」、「抗壓性」都備齊了，剩下的就是等待機會！

我們每個人的生命中，幾乎都有那麼個人，他站在遠遠的高處，星光熠熠引領著我們走過一段灰暗的時光，或成為我們前行的動力，或是激勵我們不斷超越極限的榜樣，而 Kobe 在他 41 年的人生路上，走進大多數人的心中，成為了那個閃光的頂峰，即便離我們遠去，也不會被遺忘，他的精神、他的輝煌、他的傳奇，不滅！

R.I.P. Kobe，那個讓我們也理解了什麼是堅持、力量、脆弱、喜悅、痛苦和愛的男人。

此書獻給在天上的湖人傳奇「小飛俠」Kobe Bryant

吳育忠

3 Kobe Bryant の「意志」Willpower

4 Kobe Bryant の「嚴厲」Relentless

5 Kobe Bryant の「目標」Goal

9 Kobe Bryant の「思考」Thinking

10 Kobe Bryant の「付出」Share

附錄

★ Part ★ 1

永不告別的24號：
Kobe Bryant

黑曼巴的傳奇人生

I do what I do

籃球啟蒙始於家庭、始於父親

　　叱吒籃壇的一代傳奇Kobe Bryant，有著堅毅不拔的精神，但只要談到家庭，他那無比剛毅的精神，也能瞬間化為繞指柔。Kobe相當看重家庭，其給予的溫暖和支持，便是他不斷締造輝煌的動力來源。

　　Kobe自喻的曼巴精神——熱情（Passion）、執著（Obsessive）、嚴厲（Relentless）、回擊（Resilient）、無懼（Fearless），即源自於家庭教育，前洋基隊長德瑞克‧基特（Derek Jeter）也說：「他是一個愛家的人，他對家庭的關心更勝於籃球。私底下聊天，他都在談論他的家庭，不管是什麼話題，他都會提到，不難看出Kobe有多愛家。」

　　於費城出生的Kobe，成長背景不同於一般的NBA黑人球員，他的父親喬伊（Joe Bryant）年輕時也是一名職業NBA球員，但因為不是球隊的重點球員，始終沒能在任一球隊中站穩腳步，最後只好帶著家人到義大利籃壇發展。因此，雖然Kobe從小在異鄉長大，但跟其他普遍於貧民窟崛起的黑人球員相比，還是幸福多了。

　　談到Kobe的家庭背景，一定要提到他的父親喬伊，Kobe的成功少不了父親當初對他的悉心教導，父親當時的籃球生涯經歷，深深牽動著

Kobe的價值觀，可謂他籃球生涯的啟蒙導師，影響甚遠、根深蒂固。

　　喬伊當初是費城相當有人氣的球員，一般普遍認為高個兒的球員都很笨重，只能在油漆區（指由底線和罰球線之間那塊長方形的區域）取得優勢，但他卻徹底顛覆眾人的想法，身高206公分的他，不僅能靈活運球，投籃又具備一定的準度，讓人出其不意，只可惜當時並未受到球隊的賞識。

　　喬伊在NBA共打了8場賽季，效力過費城76人、休士頓火箭等球隊，雖然大家都覺得他相當有天分，但上場機會不多，始終沒能發揮真正的價值，無法在NBA大放異彩。

　　1983年，火箭隊決定不跟喬伊續約，NBA生涯正式結束，他轉戰義大利職籃，期待有朝一日能重返NBA，誰知道在義大利一待就待了足足9年，所幸他在義大利的賽績相當不錯，平均成績36.4分，跟NBA的成績相比大相逕庭，可謂明星球員，在義大利當地受到極友善的待遇。

　　Kobe在13歲的時候，一家人才搬回費城，但其實在義大利生活時，每年暑假Kobe都會回美國參加夏季籃球聯賽。1992年，父親喬伊至法國打籃球，一家人又從費城舉家遷往法國，可是過沒多久，Kobe到了要上高中的年紀，Kobe的父母商量後，決定讓他回美國念書，正式在美國定居，結束了在歐洲近10年的生活。

　　Kobe的父親當年雖然也是NBA球員，但礙於不是球隊的重點球員，在NBA的日子，無時無刻都在憂心自己被賣去其他球隊，空有NBA球員的光環，這樣的日子在外人眼中可能看似穩定，充滿光彩，但其實非常缺乏安全感，這不是他想要的生活，可是又無奈於未受到球隊重用，始終鬱鬱寡歡，心中有股不得志之感。

事後喬伊曾坦言，他當初相當羨慕球員朱利爾斯・厄文（Julius Erving，綽號J博士），但羨慕中又帶有幾分嫉妒，他妒嫉自己不是「那個人」，更無法將自己提升為「那個人」。

在80年代，朱利爾斯被視為建隊基石的存在，凡是他所在的球隊，隊員都會被列於交易名單中，在名單上的球員，不外乎是被暫停出賽，不然就是球隊不願意續約，等待被交易，唯獨他自己，名字從未在名單上出現過。

而喬伊就曾是名單的其中一人，後來他有個深刻的總結：「倘若你不想被拒絕，你就必須成為球場上的主宰者，當上球隊領袖，讓自己變成能享受特殊待遇的『那個人』。」因此他教育兒子，若想要立於不敗之地，就要努力、積極成為「那個人」，並充滿自信，學會堅持。

一心成為「那個人」

Kobe回到美國後，進入費城郊區的勞爾梅里恩高中就讀，加入學校籃球校隊，正式開啟籃球生涯的扉頁，成為學校籃球隊數十年來，首位以先發身分上場的新生，可惜首場比賽最後以4勝20負的成績敗北。

Kobe的高中生涯中，與球隊一同締造77勝13負的輝煌戰績，場上五個位置也全都打過，且在他三年級的時候，為球隊贏得建隊53年來第一座州冠軍，得分平均高達31.1分，拿下10.4個籃板和5.2次助攻。

Kobe在高中累積的2,883分，打破了由威爾特・張伯倫（Wilt Chamberlain）和萊昂內爾・西蒙斯（Lionel Simmons）共同保持的賓夕法尼亞州東南區紀錄，被評選為賓夕法尼亞年度最佳球員，更獲得「Parade」全美第四陣容提名，受到大學球探關注。

Kobe的高中教練格雷格・唐納（Greg Downer）評論他是「一位由自己支配一切的完美球員」，對他讚譽有加。Kobe的籃球技能和SAT（學術能力測驗，為美國各大學申請入學的重要參考條件之一）分數為1080，此分數已足以取得許多一流大學的入學資格，但他沒有參訪任何大學，因為受到凱文・賈奈特（Kevin Garnett）以高中生身分即進入NBA選秀的影響，Kobe多方思考後也決定直接進入NBA，成為NBA史上第六位以高中生身分加入的球員。在當時從高中越級進入NBA的球員並不多見，2012年，Kobe更被授予最偉大的麥當勞高中全明星賽（美國著名的高中畢業生籃球賽事）美國球員之一。

　　受到父親「主宰者」觀念的影響，Kobe在球場上有著強烈的主宰欲望，對此相信湖人隊有著相當深刻的感受，早年歐尼爾（Shaquille O'Neal）尚在湖人隊時，他們兩人在一起搭檔八年，成就了三連冠王朝，被媒體稱為NBA史上最具破壞力的雙人組之一，但卻因為個性和打法上的矛盾，最終歐尼爾被交易至邁阿密熱火隊，兩人就此分道揚鑣。

　　這八年對Kobe來說相當不易，在高中時期他便表現出強烈的主宰欲望，這股欲望使他得以成為球隊的領導者，高二時便打出16勝6負的出色成績。後來Kobe高中的教練也坦言，那段日子自己總過得提心吊膽，深怕Kobe會去另一所更好的高中，丟失這位明日之星。

　　但之後他發現自己的擔心是多餘的，因為當時Kobe已經認定自己是團隊的領頭羊，所以他不會輕言離開，他要繼續當這名領袖，統領整支球隊。以致後來Kobe的父親幫他物色AAU（Amateur Athletic Union，美國業餘體育聯合會）時，球隊也要視兒子為核心才行。

　　Kobe在AAU聯賽打球時，他的父親還不忘和教練「約法三章」，他

認為在場上出手次數越多，得到的鍛鍊相對越多，所以他要求教練要讓Kobe每場比賽都出手15次，更不忘對兒子耳提面命。

在球場上，Kobe相當厭惡被換下場，他不大欣賞那種5換5的戰術，所以每次比賽時，球隊就只帶9名球員，而Kobe整場比賽都會在場上，只輪替其他8人。且Kobe在團隊中也擁有其他人沒有的特權，譬如在賽場上練習自己的過人動作，說起來讓人覺得不可思議，可他確實這麼做。

有好幾次他都不小心把球運至場外，但他不以為意，教練只能在場外咆哮，對他又愛又恨。在某次採訪中，AAU的教練分享道：「那個時期的Kobe打球真的非常自私，只顧著練習自己的動作，你會認為他到底有沒有把『團隊』放在眼中，但不得不承認，他雖然在練習，卻又能替團隊贏得好幾分。」

Kobe在某部分的行為，可能會讓人難以苟同，但AAU教練也說自己從沒看過像Kobe這麼努力的運動員，他日復一日地不斷練習，以彌補自己不足的地方，或許當時AAU的夥伴們早認定Kobe將來會進入NBA打

🏀 AAU聯盟是什麼？ 》》》

全稱 Amateur Athletic Union，是一個業餘體育聯盟，成立於 1888 年，AAU 聯盟為龐大的非營利性的社會組織，擁有超過 67,000 名運動員和教練，以及逾 100,000 名志願者，包含籃球、手球、排球和空手道……等多種體育項目，成立初衷是給業餘的體育活動訂定一個權威且統一的標準。

AAU 聯盟

其中籃球項目，提供 NCAA、NBA 不少優秀的人才，讓美國籃球得以長盛不衰。

球，可是他的能耐沒人能預測，誰都不曉得他能拿到如此成就，確實成為父親口中的「那個人」。

踏上NBA之路

1996年6月26日的NBA選秀賽中，Kobe憑著自己的籃球天分和努力，在賽場上光芒四射，讓湖人隊總經理傑瑞·衛斯特（Jerry West）一心想將他收編至團隊中，但當時湖人隊的選秀順位是第二十四位，按順序挑選，若想捕獲Kobe的話，相當有難度，且當時布魯克林籃網隊也曾三度探查過Kobe。

其實在選秀賽更早之前，湖人隊就已討論過Kobe，在1996年夏天，時任湖人隊後衛的艾迪·瓊斯（Eddie Jones）曾主動跟傑瑞談起Kobe……

「傑瑞，我認識一名叫Kobe的男孩，他是費城高中校隊的球員，我覺得他的資質相當不錯，我認為我們應該將他招攬至球隊。」傑瑞聞言相當震驚，因為他們當家後衛竟然舉薦一名高中生進入球隊，且他們當時正極力將奧蘭多魔術隊的歐尼爾挖角過來，對於其他球員沒任何心思，更何況是一名高中生球員？

艾迪能理解老闆的想法，但他仍試圖說服傑瑞，甚至將Kobe比喻為下一個麥可·喬丹（Michael Jordan），以此提起傑瑞的興趣，果不其然，傑瑞對「喬丹」這個關鍵字相當感興趣，因而答應去看勞爾梅里恩高中和蒙特基督學院的友誼賽，而Kobe的表現也確實相當出色，讓傑瑞印象深刻。

傑瑞深怕錯失Kobe，在選秀賽前便展開一連串的操作，先是放出

「假如Kobe被籃網隊挑走，寧可去義大利打球」等激進的話語，影響籃網隊的意願；接著又向騎士隊尋求合作，可惜騎士隊不願配合，可見當時Kobe有多搶手，眾多球隊都有意將他拉至隊中。最終，Kobe被夏洛特黃蜂隊第十三順位選中，但其實早在選秀會前一天，黃蜂隊就已和湖人隊達成協議，提前和黃蜂完成交易，送出全明星級別的中鋒弗拉德・迪瓦茲（Vlade Divac），而黃蜂要將簽約權交易給湖人，只不過當時黃蜂並不知道湖人想要誰，且13順位並不是一個太高的順位。

一直到選秀前5分鐘，湖人才告知要選的是年僅17歲的Kobe，所以黃蜂選下Kobe後便馬上將他交易至湖人隊。許多人對於送出迪瓦茲的決定感到相當意外，因為迪瓦茲在湖人也有場均16分、10.4個籃板、4.1次助攻、2.2次阻攻的華麗表現，事後傑瑞表示，當時湖人另簽下極具實力的超級中鋒歐尼爾，所以遞出迪瓦茲以換取Kobe是再正確不過的選擇。

剛進入NAB第一年，湖人隊原本就不乏優秀的選手，身為菜鳥的Kobe被教練安排擔任尼克・范艾克索（Nick Van Exel）和艾迪的替補選手，雖然獲得上場的機會，但表現並不算特別搶眼。而選手賽場上意外造成的傷病始終是個大問題，時任總教練因而做出一項影響Kobe一生的決定，讓年僅18歲的Kobe，僅進入NBA兩年便正式上場打球，成為NBA史上最年輕的先發球員。

在全明星新秀賽上，Kobe毫無保留地展現自己，整場賽上獨得31分，新秀球季結束時，Kobe以場均7.6分、1.9個籃板和1.3次助攻的成績入選最佳新秀陣容第二隊。又在NBA灌籃大賽上，以跨下換手灌籃震驚全場，成為湖人隊首位獲得灌籃冠軍的球員，也因此擁有超高人氣。

在NBA的洗禮下，Kobe的潛能慢慢被開發出來，成為球隊的第六

人，並屢創新高。且由於他的球風華麗，風格神似年輕時的喬丹，當時又有喬丹預備退休的風聲傳出，因而倍受媒體關注，成為「喬丹接班人」的人選之一。

為何Kobe會受到眾人的推崇？因為那時Kobe被球迷票選為全明星賽的西區先發，賽事精彩緊張，第四節時Kobe沒有上場，但他仍為西區明星隊奪下18分，僅次於拿下全場最高23分的喬丹，也讓Kobe得以角逐NBA最佳第六人獎項，可惜最終敗給鳳凰城太陽隊的丹尼‧曼寧（Daniel Manning），實屬可惜，但他的實力大家有目共睹。

三連霸，與榮耀同行 🏀

1998年，Kobe正式成為先發後衛，打滿整季50場比賽，每場平均取得19.9分、5.3個籃板、3.8次助攻和1.4次抄截的成績，他的球技在同輩中脫穎而出，晉升年度最佳陣容第三隊，湖人隊也越發看重他，將他列為重點球員訓練。

1999年NBA賽季剛起跑，Kobe因為右手骨折，缺席季初的15場比賽，重回賽場後火力全開，偕同歐尼爾和其他球員橫掃沙場，個人以每場平均22.5分、6.3個籃板和4.39次助攻的成績成為NBA第二隊成員之一，並首次躋身防守第一隊，將缺席前面15場賽事的遺憾全補回來，拿下當季最佳戰績，為湖人奪得當季總冠軍，贏回籃球生涯第一枚冠軍戒，可惜當年最有價值球員（MVP）的獎項被歐尼爾抱走。

獲得總冠軍後，湖人隊以衛冕冠軍為首要，招募了前公牛隊成員歐瑞斯‧格蘭特（Horce Grant），在休賽期積極訓練Kobe、歐尼爾和歐瑞斯三人，希望以三角進攻的方式，給予敵手猛烈的攻擊，所以在2000年

的賽季上，Kobe和歐尼爾不論是進攻還是防守，各項數據在聯盟內都名列前茅，Kobe也在該季首次取得「大三元」的成績，並再次獲得聯盟肯定，入選NBA年度第二最佳陣容及年度最佳防守第二隊；湖人也以西區最佳成績進入季後賽。

正值顛峰的Kobe和歐尼爾組成「OK連線」，這對組合至今仍讓許多球迷難忘。且即便是季後賽，Kobe也打得相當賣力，每場平均29.4分、7.3個籃板、6.1次助攻和1.6次抄截，讓湖人隊以0敗的成績取得西區冠軍，總決賽對上東區冠軍費城76人隊，賽況一度陷入膠著，所幸湖人隊最後仍在落後一場的情況下連勝4場，順利取得冠軍，衛冕成功。

到了2001年賽季，湖人隊企圖挑戰第三座冠軍獎座，拿下三連霸，Kobe在此賽季出場80場比賽，每場平均25.2分、5.5個籃板和5.5次助攻，是NBA中少數能達到如此成績的球員之一。明星賽也以第三高得票數當選先發得分後衛，更榮獲明星賽MVP。

賽季末，入選NBA最佳第一陣容，進入最佳防守第二陣容，湖人也再次打入NBA季後賽，一路過關斬將，在總決賽中更以直落四的絕佳成績大敗布魯克林籃網隊，成功完成三連冠。

波峰轉波谷，深陷人生低潮

2002年賽季開打，已三連霸的湖人隊自然仍以取得總冠軍為首要任務，但身為重點球員的歐尼爾卻堅持在賽季開始後，才治療腳趾的舊疾，所以其他球員必須分攤他在場上的重任，首當其衝的便是搭檔Kobe。

肩負重任的Kobe在此賽季創下單場12顆三分球的聯盟紀錄，連續13場得到35分以上、連續9場獲得40分以上，以及NBA史上第三位單月平

均得分超過40分等超群的紀錄，平均得分提升至30分，也因而首次獲得NBA年度第一最佳陣容及年度第一最佳防守陣容的殊榮。

可是這也僅限於Kobe個人成績的優異，湖人隊在西區季後賽第二輪便輸給馬刺隊，四連冠的美夢失敗，球隊內部衝突亦日漸白熱化，各方互有嫌隙。為了東山再起，湖人隊找到卡爾‧馬龍（Karl Malone）和蓋瑞‧佩頓（Gary Payton），利用兩位老將對總冠軍的渴望，用極低的價格簽下兩人，跟Kobe和歐尼爾搭檔為「四大天王」，將湖人打造為一支「夢幻隊」，奪回總冠軍戒指。

雖然球隊在2002年賽季的整體表現不如預期，但Kobe仍相當優秀，積極訓練準備下一場比賽，不料在2003年賽季開始前，Kobe竟爆出性醜聞，因性侵犯的罪名遭逮捕，一名19歲的旅館女服務生報警，泣訴自己被性侵，而這間旅館便是Kobe在治療膝蓋時所入住的旅館。

Kobe在交保候審期間，帶著妻子凡妮莎一同召開記者會，承認曾與女服務生發生婚外性行為，深感懊悔，向妻子及社會大眾道歉，但否認性侵一事，認為雙方是在兩情相悅的情況下發生關係。該事件對Kobe產生非常大的傷害，除公眾形象外，更影響到他該年的籃球賽事。

開庭時，劇情卻突然急轉直下，女服務生拒絕在法庭上宣誓，撤銷了原先對Kobe的指控，可是又向Kobe提起民事訴訟索求賠償，最後雙方私下和解，Kobe賠償對方500萬美元。整起事件，Kobe除召開記者會外，也另發表公開聲明，說道：「雖然我堅信當時我們雙方都是自願的，但是我現在了解到她的感受和我不同，近幾個月她和她的律師所傳遞出來的訊息，讓我明白原來她並不同意這一行為。」坦然向對方道歉並承認錯誤。

因必須到法院出庭，Kobe無法每場比賽皆上場，只能在休庭時，急

忙搭機趕往客場出賽，奔波於賽場和法庭兩處。在此賽季，湖人頂著「四大天王」的光環，在該季例行賽戰績居太平洋組之首位，季後雖順利進入總決賽，卻慘敗於底特律活塞隊。

賽季結束後，湖人隊內部發生不小的人事動盪，總教練菲爾未被續約，由魯迪取代其位；當家球星歐尼爾也被交易至邁阿密熱火隊，換來其他三位球員；當時Kobe合約也即將到期，所幸他婉拒了洛杉磯快艇隊的挖角，和湖人續約7年。

先前湖人之所以能完成史詩級的三連霸壯舉，全仰賴於Kobe與歐尼爾組合的「OK連線」，兩人在場上形成無比的破壞力。當時歐尼爾正值巔峰，Kobe才綻放不久，因此大多數球迷普遍認為這支球隊是由前者所主導，Kobe偏向於「副手」的角色，另外當時三連霸的MVP也都被歐尼爾囊括，致使兩人不合的傳言不斷。

Kobe也因為性侵案事件，名聲嚴重受創，在2004年賽季遭受到各界嚴厲的審視和批判，前湖人總教練菲爾更出版一書，在書中詳細描述湖人在2003年賽季的所有動盪不安及球員內鬥，多次批評Kobe的態度，稱他是「難以受教（Uncoachable）」的球員。

不料球季打到一半時，湖人新任總教練魯迪突然辭去職務，表示自己舊疾復發，且總教練一職過度勞累，身體不堪負荷，改由助理教練法蘭克頂替其位，球隊的向心力因此大受影響，儘管當時Kobe個人每場得分平均仍達到27.6分，在NBA中排名第二，但湖人仍不幸與季後賽擦肩而過，為湖人史上首次未進入季後賽。

此賽季也因此成為Kobe籃球生涯中的低谷，就算個人表現再優異、再全面，可是季後的排名還是受到牽連，從原先連續三年獲得NBA年度

第一最佳陣容的殊榮，降為年度第三最佳陣容，相當扼腕。

所幸前總教練菲爾與Kobe釋盡前嫌，在2005年賽季開始前回鍋湖人隊，再度披上總教練戰袍，帶領著湖人隊重返季後賽，雖然最後仍沒拿到冠軍。

但Kobe在對戰多倫多暴龍隊時，拿下個人得分新高81分，僅次於威爾特・張伯倫（Wilt Chamberlain）於1962年創下的單場100分紀錄；他也成為了自1964年來首位連續四場比賽取得50分以上的球員，NBA歷史上只有艾爾金・貝勒（Elgin Baylor）和張伯倫及Kobe達到此項成就。2006年湖人隊作客邁阿密，Kobe與轉至邁阿密熱火隊的歐尼爾在開賽前握手擁抱，兩人關係好轉，也算好事。

合約風波

湖人隊漸漸步上軌道，但要重新坐回冠軍寶座仍有一段距離，2007年季後賽出局後，一心為籃球、為球隊奉獻的Kobe，罕見砲轟湖人高層，認為他們沒有積極尋找優秀球員，未盡心打造冠軍陣容，因而主動提出交易要求。

見事態嚴重，湖人隊總裁傑瑞・巴斯（Dr. Jerry Buss）親自出面與Kobe商談，仍沒能改變Kobe轉隊的念頭，於是球隊又簽回老戰友德瑞克・費雪（Derek Fisher），為球隊帶來戰力，而Kobe則忙於備戰奧運會的資格賽。但在新賽季開始前，老闆巴斯又突然對外表示Kobe並非「非賣品」，倘若有合適的報價，那交易Kobe不是大問題，讓外界摸不透湖人對於Kobe的看法究竟為何。

賽季正式開始，球隊的賽績有些許成長，正式球員及遞補球員的表現

都有顯著進步，Kobe的交易風波才漸漸平息下來，雖然他本人沒有收回交易要求，但他曾公開說道：「我非常喜歡繼續在湖人隊打球。」且賽季期間，Kobe也再次刷新個人紀錄，取得最年輕取得20,000分的球員，以及NBA史上第16位得到21,000分和4,000次助攻，無比光榮。

到了2008年賽季，湖人在例行賽中順利取得西區第一，再次進入總決賽且順利擊敗奧蘭多魔術隊，Kobe也終於獲得MVP及FMVP。

隔年，湖人欲挑戰二連霸，Kobe投進6顆關鍵球，湖人隊順利在例行賽取得西區第一，連續三次進入總決賽，並以4比3擊敗波士頓塞爾提克隊，取得二連霸，Kobe也再次獲得FMVP，一掃低潮陰霾，重返榮耀。

2010年，Kobe進行第三次膝蓋內視鏡手術。2011年湖人挑戰三連霸，Kobe在該賽季的出場時間是成為先發後最少的一年，但仍有平均25.3分、5.1個籃板和4.7次助攻的好表現。湖人以西區第二名的成績進入季後賽，但在第二輪對戰達拉斯獨行俠隊（又稱小牛隊，因達拉斯發展畜牧業）時戰敗，三連霸夢碎。

🏀 MVP和FMVP？ >>>

★ MPV

　　最有價值球員（Most Valuable Player Award），由美國國家籃球協會的獎項，分有四種：常規賽 MVP、總決賽 MVP、全明星賽 MVP、新秀挑戰賽MVP。

★ FMVP

　　總決賽最有價值球員（Finals Most Valuable Player），該獎項將在每年的總決賽結束後，由九位媒體成員投票選擇，所得票數最高者將獲選。該獎盃樣式為黑色杯底，頂部為金色的籃球。

Kobe，湖人史上最偉大球員

2012年，NBA因勞資糾紛封館（此為第二次封館，1998年也曾因勞資封館過），使得賽季延遲、無法如期展開，導致球員至各地參加業餘聯賽。Kobe當時參加了洛杉磯當地德魯聯盟所舉辦的德魯聯賽，取得全場最高45分。

NBA館場開放後，Kobe在對戰費城76人隊時，超越了昔日老隊友歐尼爾的成績，成為NBA史上總得分第五。Kobe籃球生涯上的成就，不只同為湖人傳奇的魔術‧強森（Magic Johnson）認定他為「湖人史上最偉大球員」，連過往與Kobe水火不容的歐尼爾也大方祝賀他。

「我想要親自恭喜Kobe成為史上最偉大的湖人球員，他的一切偉大成就都是靠自身的努力得來的。我記得他在18歲時對我說過，他要成為湖人隊史最偉大的球員，同時也要成為籃球史上最偉大的球員之一，事實證明他沒有胡說八道。

我深深以他為榮，最重要的是，我想感謝他當年和我組成NBA史上最具主宰力的雙人組合，我們的OK連線前無古人、後無來者。」

對於昔日老隊友的祝賀，Kobe也大方回謝。

「我想謝謝他，我相信自己和他有一天能一笑泯恩仇，一起回顧當年在湖人立下的豐功偉業。那段時光真的很有趣，屬於我們的光輝歲月，現在我只想向他說聲謝謝。」

Kobe也再次入選NBA明星賽，這是他生涯第十四次入選NBA明星賽，並在明星賽中取得27分，讓他在NBA明星賽中的總得分達到271分，超越喬丹，成為NBA史上總得分第一。2012年湖人對陣灰狼隊這場比賽，Kobe得到34分，籃球生涯總得分來到29,022分，成為NBA史上

最年輕拿下29,000分的選手。

而在季末最後一場比賽，Kobe只要該場得分在38分以上，就可打敗凱文‧杜蘭特（Kevin Durant）的紀錄，成為得分王，但Kobe最後決定不出賽，以0.01分的些微差距錯失得分王稱號。

季末年度最佳陣容的票選中，Kobe獲得年度第二最佳防守陣容和年度第一最佳防守陣容的殊榮，這是Kobe第10次入選年度第一最佳防守陣容，追平了喬丹，僅次於馬龍的11次。在「NBA首屆社群媒體大獎」中，Kobe也得到了「推特話題獎」和「按讚獎」兩項獎項。

之後，湖人隊透過交易得到鳳凰城太陽隊的明星控衛史蒂夫‧奈許（Steve Nash）；與克里夫蘭騎士隊的前鋒安東‧傑米森（Antawn Jamison）簽下一年合約；又透過四方交易得到德懷特‧霍華德（Dwight Howard），使Kobe有機會挑戰個人生涯第六次總冠軍。

而在湖人和洛杉磯快艇隊的比賽中，Kobe超越湖人前傳奇球星魔術‧強森（Magic Johnson）的紀錄，成為抄截王，但球隊的整體表現卻不如預期，開季三連敗，一度無法進入季後賽。對戰夏洛特黃蜂隊時，Kobe獲得29分，生涯總得分突破30,000分，在NBA史上位居第五，成為史上最年輕突破30,000分的記錄者。

2013年，Kobe以150多萬票再次成為明星賽人氣王，更連續第十五次入選NBA明星賽，創造了NBA新紀錄。在與明尼蘇達灰狼隊的比賽中，Kobe超越奧斯卡‧羅伯森（Oscar Robertson），成為NBA史上罰球命中數第三。與小牛隊對戰時，Kobe也單場拿下38分，成為NBA史上最年輕得到31,000分的球員。

之後對上金洲勇士隊，Kobe在比賽剩下3分鐘時受傷，帶著傷勢進

行罰球，順利扳平分數後離場，賽後檢查發現阿基里斯腱撕裂，對Kobe產生嚴重的影響，即便復原也無法達到先前的運動水準。Kobe養傷預計要休戰六至九個月，而沒有Kobe的湖人在季後賽第一輪便被馬刺橫掃出局。

歷經近九個月的復健期，Kobe於2013年12月7日重回賽場，正式宣布復出。但受傷後歸隊不到半個月，Kobe在對上曼斐斯灰熊隊時，因左膝脛骨骨折，再次因傷下場，得再休養一個多月，整場NBA賽季Kobe只出戰六場，賽季結束後，站在大前鋒位置的蓋索也離隊，先前奪下二連冠的陣容，僅剩Kobe一人。

而Kobe也因為骨折需要休養，無法參加2014年的明星賽（第十六度入選），改由休士頓火箭隊的詹姆士・哈登（James Harden）遞補。

2014年賽季開打，Kobe腳傷復原重回隊伍之中，在與灰熊的比賽中，獲得全場最高28分，另有7個籃板、6次助攻和4次抄截。這次的比賽，讓Kobe籃球生涯的出手次數達到24,535次，超越喬丹的紀錄，位居NBA史上第三；失球次數為16次，投籃未進次數為13,421次，高於先前最高13,417次的紀錄保持者約翰・哈維契克（John Havlicek），成為NBA「打鐵王」（「打鐵」是指球碰框沒進的聲音，就像打鐵時的鏗鏘聲，後來引申為投籃不進）。

而2015年，湖人與新奧爾良鵜鶘隊對戰時，敵手一個切入灌籃不小心撞及Kobe，使他的右肩旋轉肌第三塊肌鍵完全撕裂，再度傷停九個月。一而再，再而三的受傷，他個人表示該賽季可能會是他退休前的最後一場賽季。

Mamba out！告別NAB籃壇

2015年11月30日，Kobe在社群軟體Twitter上發布文章，確定打完這場賽季後，他便要退休，雖然在外界預料之中，但還是震驚球壇和不少球迷。美國時間2016年4月13日，Kobe在NBA的最後一場賽事，為湖人隊主場對上猶他爵士隊，狂炸60分，為自己的職業生涯畫下完美句點。

比賽結束後，Kobe向全場球迷發言：「我想最重要的是我們團結一致，你們一直會在我的心中，我真心，真心感謝大家，打從心底感謝大家。我愛大家。」又言：「我還能說什麼呢？Mamba Out！」當下，現場和電視機前的球迷們，不分敵我，每人都流下感動的淚水。

而對於自己在最後一戰拿下60分，Kobe直言自己從沒想過，他說：「真的很難相信事情就這樣發生了，對此我自己也很震驚。」他繼續說道：「最完美的結局應該是拿下冠軍，但今晚我還是盡心盡力的打球，拼盡一切好好表現。能這樣來個最後一次，我感覺非常好。」他還自嘲道：「這二十年來大家都叫我要把球傳出去，但現在這最後一戰，反而感覺大家在對我說：『不要傳球！』」

Kobe二十年的籃球生涯，說起來可能很長，但實際過起來似乎又覺得稍短了些，他盡力將NBA的日子譜寫得精彩，拿下五座總冠軍，史上第三高的個人生涯得分。回顧這二十年的時間，讓Kobe從原先年輕、臭屁的小伙子，成長為一位擁有堅強哲學的代表性人物。

1997年的灌籃大賽，Kobe在賽場上沒有展現出驚世駭俗的逆天扣籃，僅以跨下灌籃在場上優雅飛行。

1998年的明星賽，那時球迷還不太認識他，甚至會把他和艾迪·瓊斯（Eddie Jones）搞混，但Kobe卻能以替補球員的身分入選，初出茅廬

便大放異彩，而且這還只是他那傳奇生涯的開端，他在退休文中也提到自己對籃球的熱愛與堅持，這也是他能不斷超越自己的原因。

Kobe的毅力，不是我們能輕易想像的，當大家都說喬丹是史上最強的得分後衛時，他就把喬丹的打法學起來；如果練習的時間不夠，他就清晨四、五點起床；如果隊友練球不夠認真，他就時時提醒對方；如果球隊需要他來防守，他就把自己練得足夠強壯，強大到足以承受敵人的任何撞擊。

從身體素質來看，Kobe的手不如喬丹大，彈跳力在NBA中也不算最頂尖，他在籃球的掌握及空中的對抗力上，從來都不具絕對優勢，所以他不斷加強自己的控球能力，精進自己的假動作及步伐運用，他在球場上的主宰力並非與生俱來的，而是他二十年如一日，自我訓練從未鬆懈過。「你知道凌晨四點的洛杉磯是什麼模樣嗎？」這是一位記者曾問Kobe的成功秘訣時，Kobe所給予的回覆。

二十年來，人們總是拿他和籃球之神喬丹比較，對Kobe來說，他只想做好自己。一路走來，他維持一貫的打球及領導風格，孤傲又獨霸，使得世人對他的質疑聲浪從不曾少過。單場81分、三節62分、連續九場比賽取得40分以上、連續四場比賽取得50分以上、史上第四高的33,643分，這些榮耀的數字，他還在賽場上時，大家都在看他能否再次突破，但當他謝幕時，你看到的將不再是這些數字，而是他那堅毅的人生態度，不管是和歐尼爾一同創下三連霸的時期，還是二度復辟的湖人王朝，你都能看到他的籃球精神。

用意志力克服一切難關，是Kobe一貫的形象與態度，雖然大家都知道Kobe退休的這天遲早會到來，但仍讓人難以接受。這一路上起起伏

伏，他咬緊牙走了二十年，直至阿基里斯腱和肩旋轉肌的傷勢，讓他不得不正視自己的身體狀態，也坦然接受這項事實，即使內心和大腦能夠承受所有一切，但身體已不堪負荷，是時候該說再見。

Kobe在球壇打滾二十年，他在網站上所發布的退休宣言「致親愛的籃球」，字字句句都能看出他對籃球的熱情，他提到自己六歲就開始接觸籃球，持續追著目標一直奔跑，也感謝籃球幫他圓了心中很大的夢想。不過，他也表示自己退休後，不會擔任任何球隊的教練，但願意以舉辦訓練營等方式幫助後輩。

自Kobe宣布退休後，許多NBA球隊都準備獨特的致意方式，例如宿敵波士頓塞爾提克隊贈送Kobe與他們進行總決賽的場館地板；猶他爵士隊贈送一整套娛樂設備，Kobe退休後可以使用；夏洛特黃蜂隊老闆、籃球之神喬丹除了送上全系列的Jordan鞋，更特別錄製一段影片向他致意，這也是喬丹唯一一次對球員獻上如此大的尊重。

2017年12月19日，湖人隊替Kobe舉辦了背號的退休儀式，將Kobe使用過的8號與24號一併榮退，湖人老闆珍妮・巴斯（Jeanie Buss）說：「我們要把你的兩個號碼都退役，因為就算分開來，這兩個號碼個別達成的成就，都足以進入名人堂。」

關於背號8或24的挑選，湖人其實並沒有猶豫太久，因為他們選擇讓Kobe再度成為不平凡的人，成為湖人隊史上唯一一位，也是全NBA首位被同一支隊伍退休兩個號碼的球員。

大部分的球迷對Kobe的印象，應該僅停留在「24」號的傳奇背影，帶領湖人再創二連霸，以及締造單場60分完美告別生涯最終戰，但其實Kobe在2006年前，他在賽場上穿的是「8」號球衣，頂著嘻哈爆炸頭。

這時期的他與歐尼爾一同為球隊拿下「三連霸」的紀錄，兩人分道揚鑣後，Kobe還開啟飆分模式，寫下「單場81分」、「三節62分」等無人能及的紀錄，對某些Kobe和湖人迷來說，8號甚至才是他們心中的經典。

然而，碰上Kobe，世上的一切彷彿都有個特殊的規律，不能改的就換個辦法，不可能的就讓它成為可能，就像他二十年的NBA球員生涯一樣，總能化險為夷、創造奇蹟，因此湖人用實際的行動做出表示。

這兩個背號象徵Kobe在職籃生涯的兩段時期，兩者都具有其特殊意義，不只湖人這樣主張，連Kobe也曾在採訪中這樣表示，雖然穿著24號球衣時，面臨更多傷病及更多的挑戰，但要找出一個自己的最愛，他實在「不情願」也「沒辦法」，因為這兩段時期都是他NBA生涯的一部分。

每個數字的背後或許都有一個代表人物，看到籃球場上的「24」號球衣，想起的人就是NBA巨星Kobe Bryant。

他的職籃生涯全效力於洛杉磯湖人，初期以8號球衣登場，原因是其高中時所穿的33號球衣已在湖人退役，而他曾在一個訓練中穿過的143號，將3個數字加起來就是8號球衣，8號就成為了他第一個球衣背號。

直至2006年改穿24號球衣，原隊更改球衣號碼的情況在球壇非常罕見，但當時他對此事不願多談，引來不少揣測。當時其中一個Kobe鍾愛

🏀Kobe生平的球衣號碼 ›››

★8號：1996年至2006年湖人的背號。

★10號：2008年夏季奧林匹克運動會、2012年夏季奧林匹克運動會，國家隊的背號。

★24號：2006年至2016年湖人的背號，高中時期也曾穿過。

★33號：奪得高中聯賽冠軍那年的背號，父親曾穿過的背號。

24號的說法是，Kobe高中新加入籃球隊時，就是選擇了24號球衣，不過一個賽季後就改穿了33號，其後加入湖人亦一直有隊友穿著，故未有機會改號。

不過幾年後，Kobe終於公開表達對「24」這個數字的看法，直言「一天有24個小時，我希望把自己的所有精力都投入籃球中」，這句話在Kobe身上特別有感染力，因早起勤奮練習已是他的個人特色，「我知道每天清晨四點的洛杉磯是什麼樣子」，又曾說「當我退役時回望自己走過的路，我每一天都有付出自己所有」。

另外，他亦說過「24」是成長的象徵，成熟度更高，「現在要有更廣闊的視野，在一個團隊裡擔任較年長的隊友」。

以下是Kobe在2015年退休前夕發表的公開退休信《Dear Basketball》

《Dear Basketball》

From the moment

I started rolling my dad's tube socks

And shooting imaginary

Game-winning shots

In the Great Western Forum

I knew one thing was real:

I fell in love with you.

A love so deep I gave you my all ——

From my mind & body

To my spirit & soul.

從那一刻

我穿上我父親的長筒襪

然後開始在舊論壇體育館

投進致勝一擊開始

我便確定了一件事

我已經愛上你了

那份愛如此深刻，我把我的全部都給了你

從我的心到我的身體

連同我的精神與我的靈魂

As a six-year-old boy

Deeply in love with you

I never saw the end of the tunnel.

I only saw myself

Running out of one.

And so I ran.

I ran up and down every court

After every loose ball for you.

當時那個六歲的小男孩

已經深深的愛上了你

我從未看見隧道的盡頭

我只看見自己

奮力地跑了出去

我就這樣全心全意地跑著

我在每場球賽來回奔跑

為你追逐每個從手中鬆開的球

You asked for my hustle

I gave you my heart

Because it came with so much more.

I played through the sweat and hurt

Not because challenge called me

But because YOU called me.

I did everything for YOU

Because that's what you do

When someone makes you feel as

Alive as you've made me feel.

你要求我全力以赴

我就給你我毫無保留的心

因為我對你的愛就是這麼多

我在汗水與傷痕間持續進攻

不是因為要呼應來自何方的挑戰

而是因為你召喚了我

這一切都是為了你

這麼做都是當有人能讓我

自己覺得能這樣有意義的活著會做的事

而那個人就是你

You gave a six-year-old boy his Laker dream

And I'll always love you for it.

But I can't love you obsessively for much longer.

This season is all I have left to give.

My heart can take the pounding

My mind can handle the grind

But my body knows it's time to say goodbye.

你給了這個六歲小男孩他的湖人夢

我永遠都會感謝你

但我沒辦法再這樣癡迷地愛著你了

這將是我的最後一季

我的心仍然可以承受重擊

我的精神依舊可以抵禦折磨

但我的身體告訴我，是該離開的時候了

And that's OK.

I'm ready to let you go.

I want you to know now

So we both can savor every moment we have left together.

The good and the bad.

We have given each other

All that we have.

但這沒關係的

我已經準備好讓你離開了

而現在我希望讓你知道

所以我們才能細細享受我們在一起的最後倒數時光

無論是好是壞

我們都已付出所有

And we both know, no matter what I do next

I'll always be that kid

With the rolled up socks

Garbage can in the corner

:05 seconds on the clock

Ball in my hands.

5 … 4 … 3 … 2 … 1

Love you always,

Kobe

我們彼此都知道

無論我接下來要做什麼

我永遠都會是那個小男孩

穿著長筒襪

對著角落的垃圾桶

時間只剩下五秒

球在我的手上

5⋯4⋯3⋯2⋯1

我永遠愛你

Kobe

《致親愛的籃球》短片

此生摯愛──凡妮莎

Kobe和妻子凡妮莎鶼鰈情深，那如童話故事的愛情眾所周知，兩人在一起整整二十年，從Kobe還是默默無名的球員開始，一起攜手成長、組成家庭、走過事業輝煌時期，更經歷性侵案的低潮期，中間一度傳出分手離婚，又破鏡重圓，到之後過著有四個女兒陪伴的幸福人生。他們大半輩子都是在對方的陪伴下一起度過，他們是彼此的心靈導師、是摯友，也是最深愛的人。

絕大多數的人可能不知道，其實Kobe在1999年曾推出個人單曲，這對Kobe來說，不僅是一首歌曲，更是他的定情曲，影響了他的一生。當年Kobe準備幫單曲拍攝MV，而他在拍片現場遇見了在Tha Eastsidaz音樂錄影帶《G'd Up》擔任背景舞蹈演員的凡妮莎·雷恩（Vanessa Laine）。

凡妮莎出生家庭貧窮，不像Kobe家境相當不錯，過著無憂無慮的生活，所幸凡妮莎是個非常上進、認真的女孩，除了在校成績優秀外，十六歲便開始打工賺錢。

第一次見面，兩人完全不認識，但整整兩天的錄影過程中，Kobe怎樣也無法把視線從她身上移開，對她一見鍾情。

Kobe曾分享彼此認識的過程：「那時拍完一個鏡頭回到車裡休息，心裡就會一直想她在哪裡，一有空檔就想找她聊天。我當時跟她要了電話，那個年代還要拿紙筆把電話號碼抄下來，我隔天就打給她，一聊就是好幾個小時，之後我們不管什麼事情都會一起完成，形影不離。」

兩人陷入愛河，迅速展開交往，第一次約會Kobe帶她去迪士尼樂園，因為Kobe相當喜愛迪士尼：「我想我是個呆瓜，我喜歡迪士尼樂園，也喜歡迪士尼電影，但我一直沒機會去迪士尼樂園，幸好她也是迪士尼粉絲，所以我們去迪士尼樂園玩，一起坐雲霄飛車，她變成我的摯友，我從來沒有和一個人這麼親近過。」

Kobe小時候因為父親打球的緣故、經常搬家，總要重新認識新朋友，所以他很小的時候就習慣一個人，更不曾對誰敞開心房。當時二十一歲的他，已決定要定居於洛杉磯，自覺要當一輩子的湖人隊員，又這麼剛好遇到自己喜愛的女孩，一個和他擁有相同世界觀的人，一見傾心，因此Kobe在交往隔年便向女友求婚，2001年步入禮堂，約定終身。

但其實兩人的婚姻並未獲得Kobe父母的祝福，因為凡妮莎出身低又是拉丁美洲裔，介意兩人不夠門當戶對，雖然當時Kobe不算一線球星，但也稍微有些知名度了，他們認為凡妮莎配不上前途無可限量的兒子，堅決反對兩人交往，甚至連他們的婚禮也沒有出席。

但為了凡妮莎，Kobe 不惜和父母決裂，堅持要娶她進門，甚至以「太愛凡妮莎」為由，沒有簽訂婚前協議書，2001年4月18日，他們在加州達納角的天主教聖愛德華教堂結婚。Kobe的雙親、兩位姊姊，以及他的長期顧問經紀人阿恩・泰勒姆（Arn Tellem）、湖人隊友都沒有參加婚禮，Kobe與親人間的疏遠，一直到長女出生，一家人的感情才漸漸重修舊好。

　　Kobe回憶起新婚生活，彷彿歷歷在目，甜蜜說道：「當時我們都太年輕，我早上起床去練球，回家時她還在睡覺，真的就像個孩子，然後我會躺在她身邊陪她一起休息。我們做許多年輕人都會做的事情，去棒球練習場、打迷你高爾夫、看電影、吃飯，那是一段美好的時光。」又憶道：「我們相處得很融洽，我愛她，很愛很愛，我們也是最好的朋友，我們享受彼此的陪伴，我真的覺得自己很幸運，可以找到那個對的人，然後共度餘生。」

　　2003年，Kobe和凡妮莎開始組織家庭，迎來第一個女兒娜塔莉亞（Natalia），Kobe也因此和父母的關係漸漸好轉。但再怎麼完美的愛情，不可能始終一帆風順；再怎麼美滿的婚姻，也不可能永遠風平浪靜。大女兒出生沒多久，Kobe竟然就被指控性侵，爆出性醜聞，形象一落千丈，職業生涯受到巨大打擊，該事件更成為他一生不可抹滅的汙點，兩人婚姻也因此觸礁，媒體看衰他和凡妮莎將會宣告破裂。

　　Kobe承認有與其他女子發生性關係，但絕非性侵，雙方是在兩情相悅的情況下發生……正當眾人認為Kobe會因為該事件被擊垮時，妻子凡妮莎竟選擇原諒丈夫，陪伴他一同面對大眾，共同出席記者會。最後雙方在庭外和解，Kobe賠償女方500萬美元，整件事情才得以落幕。

Kobe獲得妻子的原諒後，回歸家庭當一位「好爸爸、好丈夫」，二女兒吉安娜（Gianna）於2006年5月誕生。凡妮莎一路陪伴著Kobe經歷每場 NBA 球賽，時常可以看到她帶著女兒坐在場邊看球，為他加油。凡妮莎將家裡一切打點好，讓Kobe沒有後顧之憂，好好專注在比賽上，順利在2009及2010 年抱回NBA總冠軍獎盃，也不忘把這份榮耀和妻子分享，可說是家庭事業兩得意。

原以為經歷過波折的兩人，會一直幸福快樂下去，不料2011年婚姻又再度出現危機，Kobe被媒體爆料和凡妮莎結婚十年來，和超過100名女子發生婚外情，當中不乏模特兒、名媛……等。在經歷過性侵事件後，凡妮莎再也無法忍受丈夫的行為，在2011年12月以雙方之間產生「無法協調的分歧」為由申請離婚，並爭奪兩個女兒的監護權。

Kobe不惜一切代價極力挽回，最後總算讓凡妮莎回心轉意，決定撤銷離婚申請，並於2013年在社群平台上宣布復合，當時布萊恩在FB上證實兩人重修舊好，寫道：「我很開心能和凡妮莎以家人的身分繼續生活，當曲終人散時，能夠有人一同分享，才能讓旅途顯得更加美好。」這場離婚風波也讓夫妻兩人的感情變得比以往更加緊密、堅定、甜蜜，之後也陸續生下三女兒比安卡（Bianca，2016年12月生）及四女兒卡布莉（Capri，2019年6月生）。

Kobe在2016年完成NBA生涯最後一場比賽，一口氣砍下60分，賽後他發表退休感言，不忘特別感謝在他人生中扮演重要角色的老婆凡妮莎，他說：「凡妮莎，謝謝妳這一路以來撐起我們的家，我對妳的感謝怎樣都不夠，真的，打從心底謝謝妳。」短短一句話，傾訴了無盡的愛。

退休後的生活

Kobe即便退休，他的生活仍相當充實，完全沒有停下忙碌的腳步，將自己的公司經營得有聲有色。在退休那年，他便和企業家傑夫・史蒂貝爾（Jeff Stibel）共同成立了基金創投公司Bryant Stibel，專門瞄準投資有潛力的新創公司，投資的產業包括線上課程教育、社群軟體等。

其實早在2013年起，他們早已共同投資了十五家公司，投資項目包括體育媒體網站The Players Tribune、移動遊戲公司Scopely（全美前 25 大遊戲發行商）、法律服務公司LegalZoom、電話營銷軟體公司RingDNA和家用果汁機公司Juicero，只是一直到Kobe退役，二人才將設立投資基金提上日程，並確定合作關係，正式成立公司。

在接受採訪時，兩人表示彼此是互補型的合作夥伴，傑夫具備成立公司的經驗，Kobe擁有創造天賦，並且在經營行銷、品牌上有著獨特的優勢。「我們不希望我們所投的公司用他作為代言人，我們的重點是為企業增加真正的價值」，傑夫強調，「創立企業最重要的是勇氣和智慧，你必須有成功的信念，不管商業和理念如何改變，企業家都將一直存在。」

Kobe也希望離開球場後，能保有自己的影響力，但比起讓球隊贏得總冠軍，在商場上，他更希望能夠用自己的力量「幫助別人贏」，創投公司則讓 Kobe 達成了這個夢想。

Kobe退役前的年收入為 6,200萬美元，位居《富比士》名人榜第十五名。據估算，Kobe整個生涯球場外的收入更超過3.5億美元，他憑藉著4.75億美元的收入，成為收入最高的運動員前三名。

在賺取各種報酬的同時，他也積極投資。2014年，以自己的名字成立公司Kobe Inc.，投資超過600萬美元，取得運動飲料品牌Body

Armour 10％的股權，並聯手阿里巴巴推出紀錄片，進軍IP商業帝國。在臨近退役時，又進軍商界，申請「KB20」和「HV」等商標，並在個人官網上販售這兩個商標的商品。

除商業投資，Kobe 甚至跨領域進入多媒體產業，在 2016年成立多媒體工作室 Granity Studios，主要發行針對青少年族群的作品，包括電影短片、小說、廣播節目等，最著名的作品就是2017年發行的動畫短片《親愛的籃球》（Dear Basketball）。

該故事改編自Kobe引退前寫給《球員論壇報》的退休信，這部充滿詩意的短片甚至拿下當年奧斯卡的「最佳動畫短片」大獎，讓Kobe成為史上第一位榮獲奧斯卡的 NBA球星，這也是喬丹唯一沒有的獎盃。

該片獲得奧斯卡金像獎肯定，出乎Kobe意料之外，他坦言：「沒想到我得了奧斯卡獎。」小時候他總把目標訂於贏得冠軍等事情，但進入現在所在事業的成就從未想過。不僅如此，Kobe也說，若自己要開始一項新工作，最重要的是「必須做自己喜歡的事」，他熱衷於說故事，也樂於鼓勵孩子們，想提供可以幫助的工具，因此他開始寫作，2018年出版個人自傳《曼巴精神》，之後更進行《Wizenard系列》童書出版。

他透露，自己有發展「體育宇宙」的創作想法，如今透過寫書來完成，該系列也多次擠入暢銷書排行中，他笑說，人們形容那個系列童書是「哈利波特式想像和傳統體育的結合」。退休後的Kobe，仍把生活過得猶如賽場上那般精采。

Kobe也接過許多代言，在1996年NBA賽季開始之前，Kobe與愛迪達簽署一份為期六年的合約，價值4,800萬美元，發行他的第一雙簽名鞋Equipment KB8。其他早期代言包括代言雪碧飲料、推廣斯伯丁NBA使

用球、義大利巧克力公司費列羅旗下品牌能多益⋯⋯等，並客串任天堂系列電玩遊戲中的角色。

許多公司如麥當勞和費列羅在Kobe爆出性侵案後，相繼終止與Kobe的合約，值得注意的是NIKE，在性侵案發生前便和Kobe簽訂為期五年4.5億美元的合約，但醜聞爆發後，NIKE並沒有解約，僅拒絕使用他的圖像或推銷他的新鞋，待Kobe的形象逐漸恢復，才又開始進行販售、行銷；其他公司也陸續回歸，重新與Kobe簽訂新合約。

2011年，Kobe與同為雪碧旗下代言人的周杰倫一同拍攝雪碧汽水廣告，並合唱廣告曲《天地一鬥》，音樂的營利全捐贈給貧困學校，用於加強籃球設施。

周杰倫與Kobe雪碧廣告照（取自網路）

〈天地一鬥　官方完整MV〉周杰倫 feat. Kobe

2012年9月，Kobe與阿根廷足球員利昂內爾・梅西（Lionel

Messi）一起為土耳其航空拍攝廣告，二人為了贏得一位小男孩的注意而競爭。

Kobe與梅西廣告照（取自網路）

意外逝世，全球悲慟

　　洛杉磯時間2020年1月26日，Kobe與二女兒吉安娜計畫前往千橡市，參加曼巴基金會所舉辦的籃球賽，Kobe加入NBA後，一直都有搭乘直升機通勤的習慣，他去比賽或練球幾乎都是倚賴直升機，以避開南加州惡名昭彰的塞車問題，退休後也是如此。但誰也不曉得這對他來說再平常不過的交通方式，竟成為他和女兒喪命的死亡飛行。

　　當天上午9點6分，塞考斯基（Sikorsky）S-76B直升機起飛，乘客有Kobe、吉安娜……等共計九人，飛行沒多久，天氣開始產生變化，下雨、起大霧，這時洛杉磯警察局的直升機和其他小型飛機都已停飛，但Kobe乘坐的直升機已在飛行途中，無法回頭。

　　起大霧後，直升機往南飛行，9點30分，機師與好萊塢伯班克機場塔

台聯繫，因塔台告知他們飛得太低了，這樣雷達追蹤不到他們的航線。9點40分，直升機以161節（298公里每小時；185英里每小時）的速度從1,200英尺（370公尺）迅速爬升至2,000英尺（610公尺）。

9點45分，直升機意外撞山，於洛杉磯市中心西北約30英里（約48公里）的卡拉巴薩斯地區墜毀，機上人員全數罹難。直升機墜毀引發周遭灌木大火，9點47分相關單位接獲消息，前往案發現場搜救、滅火。

由於事故現場存有鎂，且周遭為易燃的灌木，火勢猛烈難以撲滅，一直到10點30分才成功撲滅，罹難者皆被大火燒得焦黑，法醫是依靠DNA、指紋鑑定的方式，才完成死者身分的確認。

失事現場濃霧瀰漫，一名目擊者向記者表示「聽到噪音」，他表示：「直升機好像在掙扎，因為引擎無法出力，飛得非常低，我打電話告訴朋友說我聽到爆炸聲，現場開始冒煙。」

由於該架直升機並沒裝載飛行紀錄儀，也就是所謂的黑盒子，所以墜機原因尚不明，仍要持續調查，初步調查報告，指出沒有證據顯示直升機內部有災難性故障問題，機上兩組旋翼組件檢查發現的損傷，都與墜機衝擊時的動力旋轉一致，但相關單位未排除機械性問題，可能要將殘骸中找到的發動機和其他零件進行拆解，並仔細檢視後才能確定。

Kobe的妻子也對直升機公司提起訴訟，指當天能見度極差，根本不適合飛行，飛行員未能在起飛前正確監控和評估，尤其該飛行員在2015年曾違反最低視線飛行規則遭到紀律處分；失事直升機也疑似未通過在惡劣天氣飛行安全認證，導致憾事發生。凡妮莎未提出賠償的明確數字，但強調要求「懲罰性賠償」，估計航空公司及飛行員家屬將面對數百萬美元的求償。

🏀 失事前塔台通話紀錄 》》》

★上午 9 時 06 分

航班追蹤網站 FlightRadar24.com 資料顯示，布萊恩（Kobe Bryant）的私人塞考斯基（Sikorsky）S-76B 直升機（編號 N72EX），從加州洛杉磯南方的橘郡（Orange County）起飛，飛往洛杉磯北邊郊區。

★上午 9 時 21 分左右

直升機開始在加州格倫代爾市（Glendale）上方盤旋，靠近貝班克市（Burbank）。

航管人員：「直升機 2EX（簡稱），請停留在貝班克市 C 類空域以外。有架飛機正在重飛。」

直升機駕駛：「2EX 等候中。」

★上午 9 時 24 分左右

航管人員表示，「需要一點時間」直升機駕駛才能續飛。

直升機駕駛：「好的，我們繼續等候。」

★上午 9 時 33 分左右

直升機朝北飛行。航管人員告訴駕駛「沿著 5 號高速公路」飛行，並遵循「特種目視飛航規則」（SVFR）。

駕駛確認聽到以下指示「遵循特種目視飛航規則，在 2500 英尺或以下高度，沿著 5 號州際公路北行」。

之後，貝班克市航管人員告訴駕駛，請他轉而聯繫范紐斯區（Van Nuys）飛航管制塔台。駕駛聯繫到范紐斯區塔台。

美國國家運輸安全委員會（NTSB）官員霍曼迪（Jennifer Homendy）指出，駕駛一度要求跟隨飛行（flight following）服務，即幫助駕駛避免空中塞車。

然而，霍曼迪表示，飛航管制塔台指稱，直升機高度太低，無法提供跟隨飛行協助。駕駛告訴飛航管制人員，他正往上飛行以避開雲層。

★上午 9 時 42 分左右

航管人員試圖聯繫駕駛，但沒有回應。

★上午 9 時 45 分

NTSB 表示，直升機從雷達螢幕消失。

★上午 9 時 47 分

洛杉磯郡警長維拉紐瓦（Alex Villanueva）表示接獲有關墜機的首通報案。

父女倆的驟逝，不僅對 Kobe的家人是一大打擊，對NBA和籃球界更是永遠無法彌補的損失，留給全世界球迷無限懷念，哀悼這為傳奇明星的貼文大量湧入社群媒體。曾與Kobe一起為湖人隊效力的歐尼爾於推特上表示：「沒有任何話可以表達我正在經歷的痛苦。我愛你老兄，你會被懷念的。」且不只籃球界的明星們，美國現任總統川普、前任總統歐巴馬，都在個人推特上發文悼念這位傳奇球星。

美國前總統歐巴馬隨即發文表示：「Kobe是籃球場上的傳奇，失去孩子更是為人父母之痛，在這無法置信的一天，我和太太蜜雪兒向Kobe妻子凡妮莎以及Kobe一家人致上我們的愛與祈禱」。

川普也推文表示：「籃球巨星Kobe Bryant和其他三人，據報在加州的直升機墜機意外中喪生，這消息太糟了」。

NBA為了向Kobe致敬，紐約麥迪遜廣場花園在比賽開始之前，全場保持靜默24秒（背號24），休士頓火箭隊和丹佛金塊隊同日下午的比賽中，更是全場鼓譟，對Kobe的離開表示不捨。

美國時間1月26日晚間進行的賽事，各隊也都用特殊方式哀悼他的離世。聖安東尼奧馬刺對多倫多暴龍的比賽上，開賽跳球後掌握球權的暴龍決定不採取動作，讓進攻時間24秒走完，以此致敬、緬懷Kobe。

其他場次比賽也如法炮製，除了進攻時間24秒違例外，拿到下一波球權的隊伍也刻意不過半場導致8秒違例，對Kobe前期的背號8致意。

而Kobe奉獻一生所效力的湖人隊，在他逝世後的首場比賽，前鋒詹姆斯賽前穿著背號24的球衣感性致詞，依序念出九位罹難者的名字，便把事先準備的講稿丟到一旁，開口說道……

「湖人帝國的各位兄弟，如果我把這鬼東西大聲唸出來，那就是瞧不

起你們大家，所以我要說說內心話。」

「我知道大家會替他開個追悼會，但我認為今晚就是頌揚他的機會。」

「我們要頌揚他二十年的血汗和淚水、忍受身體的疲乏、重新振作，以及竭盡所能追求卓越的決心。今晚我們頌讚那位十八歲加入湖人隊的小伙子，他打到三十八歲退休，然後成為可能是我們過去三年來看過最棒的父親。」

「Kobe對我來說是個兄弟……在我的籃球生涯裡，我們共同之點在於追求勝利與卓越的決心。」

「我現在站在這裡，對我來說意義重大，我要與隊友延續他遺留的輝煌成果，不僅是在今年，而是在我們從事所熱愛籃球運動的所有歲月中，因為那正是Kobe Bryant希望的事。」

「所以，用Kobe的話來說：『Mamba out』。」

「但用我們的話來說，永誌不忘，兄弟長存。」

但最讓人憂心的，還是Kobe身後留下的妻子與三名女兒。Kobe的愛妻凡妮莎在意外發生時隱身，未對外透露任何情況，三天後才首度在IG上發文，寫下對老公以及女兒的思念，她表示自己與家人仍對摯愛的驟逝感到震驚，現在沒有任何言語能夠形容她們內心的痛苦，更不曉得今後的生活會變得怎樣，她很慶幸Kobe及吉安娜被大眾深愛著，雖然現在無法確定日後的人生會變得如何，但她們每天醒來都還是會努力向前邁進，為Kobe和吉安娜照亮未來的道路。

「我對他們的愛是無止盡的，我多希望可以親吻他們與擁抱他們，希

望他永遠與我們同在。」為了孩子，為了天上的Kobe和吉安娜，凡妮莎會努力好好過生活，讓一切回到正軌，字裡行間充滿為人母的堅強，以及對丈夫和愛女的不捨之情。

為了給予其他罹難者家屬協助，凡妮莎也宣布成立「Mamba On Three」基金，延續Kobe及吉安娜的精神，繼續為基層運動做出貢獻，她希望有意願或有能力的民眾，可以給予基金會支持，讓他們可以為罹難者家屬盡一份心力。

洛杉磯時間2020年2月24日上午10點，湖人隊在球隊主場斯坦普斯中心（Staples Center）為Kobe舉辦追思會，球館中央將以Kobe球衣號碼搭建了一個24m乘24m的超大舞台，追思會名為「生命的歌頌」（A Celebration of Life），僅2萬人獲准進入這座Kobe當年主宰的球場。

追思會由Kobe妻子凡妮莎首先上台演講，她才走上布滿玫瑰花的舞台，全場觀眾便給予充滿溫暖又帶著力量的掌聲，她無法控制自己的情緒，她哽咽著向所有人分享Kobe及女兒生前的種種甜蜜。

「我無法把Kobe當作一個名人、或一個很厲害的籃球員。他是我最親愛的丈夫、孩子最好的爸爸，他是我的一切。」凡妮莎把籃球迷常講的MVP改成「MVD」，因為對他們而言，Kobe是「最有價值老爸」。

凡妮莎接著談到女兒，她說：「我無法想像沒有她的日子要怎麼過……」言語中句句充滿著思念，她回想起女兒的貼心，早晚都要跟媽媽親吻，喜歡做蛋糕、喜歡跟爸爸一起看籃球比賽，總是無微不至的照顧別人，「我永遠看不到我的小女孩走上紅毯、在婚禮上與爸爸跳舞、懷有自己的孩子。吉安娜會是個好媽媽，也可能是女子職籃WNBA的最佳球員。」

凡妮莎滿懷思念地說：「他們總是歡樂、總是那麼有冒險精神，上帝知道這兩人沒辦法單獨活在世上，所以把他們倆一起帶到天上去。」然後抬頭向天，對著已故的丈夫說話：「寶貝，你照顧好Gigi……我還有Noni、BB、Coco在身邊。我們一直都是最佳組合，我愛你們，老公與Gigi盼你們安息、在天堂好好過，總有一天我們會再相見的。」這段話感人至深，所有人都能感受到這一家人的愛有多緊密。

凡妮莎致詞結束，湖人隊總經理、「籃球之神」喬丹和Kobe的前隊友歐尼爾都先後上台致詞。在籃球界擁有崇高地位的喬丹，他上台還沒開口就已淚流滿面，成為整場最大的焦點，全場起立鼓掌。

1996年，Kobe進入NBA時，就把喬丹當成偶像、想要超越的對象之一，Kobe終其籃球生涯效力湖人隊20年，五度拿下冠軍，追隨喬丹的腳步，成為NBA史上留名的明星球星之一，喬丹說道……

「大家總是喜歡拿他來跟我比較，但他真的是我很親的朋友，像我的小老弟一樣。每個人身邊總有這樣的弟弟或妹妹，會拿你的東西去用，會在你身邊一直煩你，因為他們把你當做大哥、大姊來崇拜，他們想知道你的一切，因為他們想要跟你一樣。」

喬丹也坦言，起初他覺得很煩，但久了之後卻發現這是一種愛的表現。「Kobe曾經在半夜11點半，凌晨2點半、3點傳訊息給我，聊籃下單打的腳步、聊怎麼訓練，一開始真的很煩人，但我後來把他想成這是某種熱愛，這孩子擁有一種你永遠不知道的熱情。當你喜歡一樣東西，就算是用求的，你都會想盡辦法去得到。」

「Kobe盡其所能想要成為最好的球員，我也盡力當好一個大哥，忍受這些半夜打來的電話或一些蠢問題。」兩人後來無話不聊，除了籃球

之外，也聊生意經、家庭與人生。「我想教我的女兒一些動作，我想要問你，你小時候是怎麼練你的動作？」喬丹在台上回憶Kobe幾個月前、半夜2點傳來的簡訊，他反問女兒幾歲，Kobe回答12歲，講到這他不禁莞爾一笑，說道：「我12歲的時候還在打棒球。」

喬丹回憶，Kobe除了向他求教，也總是想要挑戰他，就算看他穿西裝，還是會問一句「你有帶球鞋嗎？」隨時想要求進步，Kobe從籃球場上退役之後，仍然抱著全力以赴的精神，面對家庭與身邊的人，在社區當教練，當一個好丈夫、好爸爸，全心全意奉獻給家庭。

「不管做什麼事情，Kobe總是用盡全力，」喬丹繼續說道：「沒人知道一生會有多長，所以我們要活在當下、享受當下，想辦法花時間跟家人、朋友及所愛的人在一起。Kobe離開這個世界了，我身上的一部分也死了。看著場內每個人也跟我一樣，我們都有一部分的自己已經死去。但我們會帶著這些回憶活下去，我會記得我有這樣一個小老弟，安息吧。」

喬丹下台後，由歐尼爾壓軸上台，他不改「帶給眾人歡樂」的特色，上台時先正色道：「放心吧我的弟弟，我會照顧好自己這邊的事，你在天上要好好照顧吉安娜、還有你自己。」但隨即幽默道：「我承諾，我絕對不會教你的孩子罰球的。」

歐尼爾又說：「你們都知道，我跟Kobe的關係很複雜，沒有哪個隊友像他一樣能這樣激勵我……」歐尼爾說道，「大家覺得我們總是一直在競爭，但實際上，我們一直都尊重彼此、愛著對方。」回憶起Kobe當年的年輕氣盛，歐尼爾向台下的觀眾分享一件小趣事……

「還在湖人隊的時候，福克斯（Rick Fox）和歐里（Robert Horry）來跟我抱怨Kobe總是不傳球，我跟他們說我會去找Kobe好好談談，但當

我找到Kobe時，我跟他說：『嘿！你知道隊伍中不該有I！（There is no "I" in Team）！』你們知道這傢伙怎麼回我嗎？他說：『我知道，但這該死的隊伍這詞裡頭，就有個ME！（I knew but there is an "M-E" in that motherf**ker）』所以我只好又回去和他們兩人說：『去搶籃板吧，他不會傳的。』」語畢全場哄堂大笑，也沖淡了現場哀傷的氣氛。

追思會的尾聲，大螢幕播放出Kobe生前在同一個場地退休時的致詞畫面，當時湖人隊為把他的8號及24號背號引退，球衣掛在球場的高處。影片中，Kobe拿著麥克風說：「這一切跟我的球衣無關，而是關於在那之前掛在這裡的那些球衣。沒有前輩們的激勵，我不可能站在這裡。」講完之後，影片中的Kobe放下麥克風，用招牌金句「Mamba Out」結尾，故人身影與聲音也迴盪在所有球迷的心中。

Kobe生前也曾造訪過台灣五次，為NBA來台最多次的球星，熱衷於公益活動的他，於2006年9月首度造訪台灣，與新竹五峰國小的原住民小朋友在籃球場上互動，意外得知五峰鄉的體育館因颱風嚴重毀損，當下便允諾將與世界展望會合作捐款，協助重建體育館。

五峰體育館建成後，為感謝Kobe的善心，特別在新球場的地板上印上「81」，象徵著Kobe單場個人最高得分，以此瞭表感謝之意。隔年2007年Kobe再度訪台，五峰鄉的小朋友也獻上紀念品及舞蹈，並為Kobe披上象徵勇士的披肩與彩帶。

2007年9月第二次訪台，在台大體育館舉辦見面會，和SBL球員切磋球技，更親自操練台灣球員的體能，Kobe還因好強個性，技癢親自下場和台灣球員一對一，讓球員輪番上陣挑戰他，結果沒人能在Kobe手裡拿分。

2009年7月，三度訪台，在台大體育館舉辦訓練營，傳授技巧給Nike Summer League的學員，對細節相當要求，毫不馬虎。

2015年，第四次訪台，於台大體育館舉行「打出名堂籃球訓練營」，不但開放國內籃壇球員和他1對1在場上過招，也詳細透露個人招牌動作的精髓，讓現場球迷為之瘋狂。

而在2016年退役前最後一次的明星賽上，Kobe就曾預告將再訪台灣，他也兌現自己的承諾，於2016年6月26日五度訪台，除在訓練營指導台灣球員外，他也安排了「曼巴精神之旅」。

精神之旅中，他特意安排了個人行程「禪修」，到台北貓空的優人鼓體驗東方文化，與師父探討禪學道義，學習靜坐冥想。他個人也表示該行程是他多次造訪亞洲各地最喜歡的體驗之一。

永世傳承的曼巴精神 🏀

提到Kobe，你想到的稱號是什麼？我最先想到的會是「黑曼巴」。象徵著冷血、殘忍和極具攻擊力的非洲毒蛇，自Kobe籃球生涯中期開始跟著他，伴隨著他接下來所有的征程，但其實絕大多數的球迷都不知道其中的意涵，不曉得Kobe為什麼要給自己取這樣一個外號。

為此，Kobe曾公開解釋過，這不僅僅是一段故事，更是他想塵封的歷史，因為這個稱號，源自於他人生最黑暗的時期。

黑曼巴在2005年至2006年賽季傳開，尤其是湖人隊對陣多倫多暴龍隊，Kobe拿下81分那場比賽，創下他個人單場最高得分紀錄，但其實「黑曼巴」早些就出現了。大家都知道Kobe的籃球生涯有段黑暗期——2003年的性侵醜聞事件。

在事件爆發前一年，Kobe仍站在聯盟頂端，全身盡是榮耀的光環，但沒想到隔年便瞬間跌落谷底，跌進萬丈深淵，前途一片黑暗，可說是沒有未來可言。當時全世界都在批判Kobe，看到他不是指指點點地議論，不然就是以極為難聽的字眼辱罵，他只有在球場上能做自己，能夠義無反顧地打球，不必在意旁人眼光，即便場外的人會用盡各種惡毒的言語進行轟炸，球場就是他的避難所。

因此，Kobe認知到一件事情，他需要創造另一個自己來集中精神、集中注意力，當時各方言論、衝擊排山倒海而來，即便他已足夠強大，仍不堪負荷，勢必要將事情整理好才行。於是，黑曼巴就此誕生。

Kobe說：「黑曼巴代表的殘忍兇猛與對手無關，更多的深層涵義是讓我戰勝自己，我要靠他釋放心中的壓抑和沮喪。」所以，「Kobe」變成他處理場外個人事務的稱號；而「黑曼巴」則負責在球場上解決對手，對他而言，黑曼巴的出現是籃球生涯上的轉捩點，意義非凡。

Kobe在籃球路上的成長過程，也成為這個世代年輕人個性的一個樣板，不論是追隨許久的粉絲，還是對Kobe各方面恨得牙癢癢的球迷，他一路走來不斷對外傳遞自己的精神，也試圖藉由不同的方式，繼續傳遞下去。

Kobe長達二十年的職業籃球生涯，都秉持「曼巴精神」保持動力、影響著無數球迷。他在自傳《曼巴精神》昭告天下：「重點不在於結果，而是追求結果的過程，它（曼巴精神）就是一種生活的態度。」他的曼巴精神揭露堅強意志：「重點不在於結果，而是追求結果的過程。」

因不斷努力、苦練熬出頭的Kobe曾說：「你看過凌晨四點的洛杉磯嗎？若沒有，那你不配奪冠！」這句話成為他籃壇傳奇中名言之一。連續

在湖人隊待上二十年，在2016年的最終戰，38歲的他以高齡球員之姿上場，竟還能狂砍60分，最後他在退休球場上回首與隊友共同打拚、最難忘的日子：「戰績低迷的那幾年，我們沒有退縮，我們非常強悍，最後贏得總冠軍，證明我們始終走在對的道路上。」表現出即使自知身處劣勢，仍抱持永不放棄的精神。

Kobe定義「曼巴精神」為熱情、執著、嚴厲要求、堅韌不懈、無所畏懼。在自傳《曼巴精神》中，也無私分享籃球知識，揭露自己練球方法、嚴謹的時間管理，以及如何克服身心靈上的壓力與傷痛。

更重要的是，Kobe讓我們體會「曼巴精神」的核心：「重點不在於結果，而是追求結果的過程；它的重點在於你的做法，以及你親身經歷的那趟旅程。它就是一種生活的態度。」

Kobe用《曼巴精神》昭告天下：「我要成就偉大，而且我不需要別人來催促我。」也將此書獻給下一世代的運動員，「願你透過了解別人的生涯中找到力量、創造屬於你的傳奇，還要比我的傳奇更偉大！」

熱情：來自於愛，他說：「我愛球的味道，我愛球鞋的味道。」

執著：對於籃球、對於勝利的執著。

嚴厲：Kobe嚴於律己，也嚴於律人。

回擊：職籃生涯最後幾年，受過幾次大傷，每次他都用積極的態度回擊傷病。

無懼：最大的恐懼，是來自於自己。

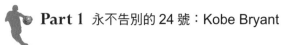

① 熱情

熱情來自於愛，Kobe說：「我愛球的味道，我愛球鞋的味道。」

2012年12月5日，全世界籃球迷都在關注一個偉大時刻的來臨，那就是湖人對上夏洛特黃蜂隊的比賽裡，第二節Kobe一個拋投命中後，讓自己生涯得分來到30,001分，正式成為NBA史上第五位總得分突破30,000分大關的傳奇球員，當時34歲的他，成為最年輕取得到這項成就的人。

猶記得1996年11月5日的晚上，他剛踏進NBA殿堂時，一個剛滿18歲的年輕小伙子站在紐約麥迪遜花園廣場的罰球線上，罰進他職業生涯的第1分，雖然他整場只進這顆罰球，上場時間也僅三分鐘而已，但他神采奕奕、充滿熱情，內心溢滿著澎湃的自信。

當時誰能想像得到，這個小子竟會在十七年後蛻變為窮凶惡極的黑曼巴，甚至創造出一個榮耀滿載的職業生涯，成為一個世代最璀璨的籃球巨星。自古以來籃球場上擁有天賦異稟的天才何其多，然而能真正維持長久職業生涯且保持不墜，才是最難得的，因為那必須擁有強烈熱忱的職業態度，以保持個人的狀態與時間賽跑，更難能可貴的是，你必須要有面對病痛卻無懼站起的意志。

「30,000分」是多麼難以企及的數字，意謂著如果你靠罰球，你得投進30,000顆球，若換算成兩分球你得投進15,000顆球，即便都投三分也需要投進10,000顆球才行，這對於一般球員來說，簡直是高聳浩瀚無邊的天際，就算是天才球員，也是一堵難以攀爬的高牆。

因此，Kobe背後的付出與堅毅的信念絕對不是我們所能想像，自主訓練他從不馬虎，更是用極為嚴格的標準對待自己，近乎瘋狂，他不曾想

過要鬆懈，他也不懂「認輸」兩個字怎麼寫，那頑強的個性驅使著他不斷進步。

從年輕靠著體能，以切入撕裂對方防線為主的打法，到後期利用急停跳投、後仰跳投、低位單打等等數不清的技藝令防守者難以捉摸，讓自己的攻勢就像條兇殘的黑曼巴那樣刁鑽致命、瞬擊萬變。

② 執著

Kobe對於籃球、對於勝利都很執著。

大多數人相信自己都非常努力工作，聲稱自己比別人更努力，並表示他們願意為成功付出代價。

我們每個人都會說自己很努力，但在球場上用執著的身影感動無數球迷的Kobe，他在個人紀錄片《Kobe Bryant's Muse》說道：「身為人、身為個體，我們得做出選擇，如果你想精通某件事，你得做出選擇，我們全都可以成為各自領域的大師，但你得做出選擇，我的意思是，那必定附帶某些犧牲，家庭時間與朋友玩樂……等，做出那個選擇，你必定會犧牲某些東西。」

正因為如此，Kobe高中畢業後並沒有念大學，選擇直接進入NBA，因為他想學習如何成為世界上最棒的籃球員，想要學到這件事，就得向最優秀的人學習，所以他去了NBA；又好比想成為醫生、律師……那學校就是你該去的地方。

對Kobe來說，成功是個選擇，成功也是種結果，要做出困難決定並採取大量且有效的行動結果。他清楚明白沒有人能阻止他，他說：「你不可能比我更棒，因為你花的時間沒有我多。就算你想投入那樣的時間，你

也沒有辦法，因為你還有其他的事得做，你有其他的責任讓你無法投入這件事，所以我已經贏了。」

Kobe也曾經做過一件事，就是開著車到洛杉磯加州大學（University of California, Los Angeles）的校園裡繞行。他看著和他同齡的人在兄弟會裡鬼混，還下車在校區裡走來走去，感受一下那種感覺，他有時甚至想：「我是不是做錯決定？我是不是搞砸了？」他當初也可以選擇去念大學，和他們一起大笑、嬉鬧，享受快樂的時光……但他並沒有這麼做。

他清楚自己錯失了什麼，知道自身選擇的後果，但他並沒有退卻，因為他認為成功更重要，這些只是過程而已，如果說這不可能完成、這不可能辦得到，那就是在自我設限。你一旦做出了決定，無論過程碰到什麼樣的困難，你都要成為那樣的人，等你真的成為那樣的人，你也不該感到意外，因為只要堅持努力夠久，願望必能實現，因為它一直都在你的心中。

你要做的就是挑選一個目標，挑選一件你想做的事，一件就好，然後下定決心、努力達成，並且訂出訓練計畫，不斷地練習、評估再修正，更要毫不留情地自我檢討與批判，這不是為了自討苦吃，而是為了確保自己能繼續前行。

然後找出你要在哪裡「學習」，你要向哪些人學習，你要結交什麼樣的朋友，判斷你該如何向最優秀的人學習，要記得，你不需要教練，你需要的是專業人士，然後再決定你要放棄什麼，以全力實現要達成的目標。

雖然你可以擁有很多，但也不代表你可能擁有一切，你得放棄那些重要性不如目標的事物，如果你不願意放棄，那就代表那個目標其實並沒有那麼重要，所以你必須重新檢討並設定新的目標，然後制定出能實行的計畫。

沒有行動的目標並不是目標，只是個夢，許願和期望無法讓你達成目標，但嚴格遵循計畫的話，你將持續衡量進展、修正沒有效果的做法、改善並重覆有效果的做法，當你全心投入每一天，讓自己比昨天更好一點，成功幾乎必定會到來。

　　達成自己訂下的目標並不會令你意外，因為「它一直都在你的心中。」

3 嚴厲

　　Kobe嚴於律己也嚴於律人。Kobe嚴格要求自己，也期許別人對自己嚴厲，面對目標不容妥協的執著態度，成為球迷們要求自己的最佳範例。

　　二十年的籃球生涯，聚集了世界好幾億球迷的目光。1997年，Kobe以一記瀟灑的跨下換手灌籃拿下灌籃大賽冠軍後，又以十九歲之姿成為史上最年輕的明星賽先發，在眾星閃爍的明星賽裡，菜鳥Kobe帶著青澀的技術走進球場，但他對登上大舞台毫無畏懼。西區比賽次高的16次出手，最高的18分，就像Kobe生涯每場明星賽的縮影，傳達出一種意念「我不是來玩的，要打就要拿第一。」

　　面對傳奇，不因畏懼而投降；面對強敵，也不因挑戰而退卻，即使球技未達成熟，他仍不放棄任何挑戰最強的機會；就算實力尚未被證明，他也不改變成為最強的決心。

　　而保持一顆「龍之心」，是他帶給球迷們精神表率，Kobe他從板凳走向先發，再從青澀紫金軍成為霸氣三連霸皇朝，Kobe在職業生涯初期便獲得極大成功，然而籃球這一路走來不是Kobe生涯的註解，球場上與歐尼爾超級組合的拆夥，讓他面臨證明自己的龐大壓力，球場外的個人事

務，讓他必須付出龐大的精神、時間，來應對場外的人生課題。

面對籃球大帝喬丹的進攻，Kobe的崇拜之情少了點，挑戰意願反倒十分強烈，年輕的Kobe傳達出一種「儘管再壓迫自己，要做，就要做到最好」的人生態度，然而面臨掙扎的生涯黃金期，卻也是讓球迷最為敬佩或畏懼的一個時期。

球隊缺少禁區的攻防武器，Kobe把自己練出一身強壯的肌肉，屢屢上演大前鋒級的禁區封阻；球隊缺少得分，他就啟動瘋狂砍分機制，單場81分、連續四場獲得50分以上、三節62分、單場12記三分球。總之，球隊欠缺什麼，Kobe就補強什麼，只要球隊有需要他的地方，他就會盡全力去完成；只要想到可以鍛鍊精進的弱點，他就會拼命訓練把它補足。

Kobe的自信與嚴格，帶有一種自負與苛刻，但其實這是對自己求目標、充滿犧牲的一種驕傲與自我肯定。他知道，即使自己不是場上最有天賦的球員，但他至少是練習最認真，花費最多努力與犧牲的球員。而他也知道，他不會吝惜自己的鍛鍊成果，他會盡全力擊敗對手。

2008年賽季，他帶領湖人奪回總冠軍獎座，Kobe的付出讓他走過低潮再登巔峰，這個精神也深刻烙印在每個追逐NBA的球迷心中。

即使他渾身是傷，黑曼巴仍不改挑戰最強、一手扭轉戰局的信念，不論成功或失敗，積極出手的打法招致多數球迷的怨恨與不解，太「獨」的球風始終是Kobe最常接收到的批評。

但即使負面評價毫不留情地不停射向Kobe，他仍堅持用自己的利牙，不論對自己、對隊友或敵人，Kobe就如曼巴蛇一樣精準、嚴格、兇狠，一次又一次鎖住對手的喉嚨，曼巴的狠勁，不會因為傷痛便改變，擇善固執的態度，將被球迷懷念。

2015年，Kobe經歷阿基里斯腱、肩旋轉肌、膝蓋、腳踝、背部各種身體傷勢，面對湖人球員青黃不接的情況，即便他具備水準以上的進攻技巧，但他那隨年齡下滑的體能也無法負荷。

以苛刻態度聞名，信奉贏家主義的Kobe知道自己說再見的時候到了。回顧籃球生涯，Kobe的人生哲學就濃縮在他親筆寫的退休信裡，因為熱愛，所以堅持，因為堅持，所以成就。這也是他對自己的嚴格標準，數十年如一日，也因而能成為NBA最致命的進攻傳奇。

玫瑰的開花需要長時間的細心呵護，而他的籃球，也因為漫長時間的付出得到收穫，離開籃球雖然令他不捨，但他知道自己所完成的每一次，都是靠自己盡力的付出而來，毫無遺憾。

Kobe有次在接受採訪時，敦促費城76人隊的球星班・西蒙斯（Ben Simmons）盡快練成跳投。西蒙斯當時也算是NBA最全面的球員之一，有成為大三元機器的潛力，但他比賽始終有個弱項──投籃。

Kobe說：「西蒙斯必須加緊練出跳投，雖然這聽起來很愚蠢，但我是認真的，如果他再不練出跳投，等他職業生涯結束時，他一定會後悔。」Kobe雖語帶嚴肅，但之後也稱讚對方具備不用投籃也能統治一場NBA比賽的能力，認為西蒙斯有著光明的未來。

Kobe表示，他應該在今年夏休賽季凌晨一點起床，每天練投籃練習10小時，Kobe在此之前，也成功指導過多倫多暴龍隊的德羅展和猶他爵士隊的米切爾，可見他對籃球的理解非比尋常。

 回擊

Kobe的籃球生涯中，受過幾次大傷，但他每次都用積極的態度回擊

傷病。

2013年4月12日，這是個讓曼巴迷無法釋懷的日子，湖人隊主場迎戰金洲勇士隊，這已經是湖人本季倒數第三場比賽，能否取得季後賽的門票，就看最後這幾戰了。

比賽進行至第四節，可以感受到每位球員臉上的疲態，而其中最疲累的非Kobe莫屬，他至比賽開場就未下場休息過，且在第三節時，Kobe的膝蓋就有些狀況，但他還是咬著牙留在場上。比賽結束哨音響前最後三分鐘，Kobe在一次左腳切入突破防守後，竟應聲倒地，聽到自己的腳踝後方發出奇怪的斷裂聲，裁判吹哨暫停比賽。

全場球員看著Kobe坐在地上，緊握著自己的腳踝，面露痛苦表情，經場上救護員初步診察為阿基里斯腱斷裂，Kobe強忍住疼痛，堅持罰完兩球才退場休息，而湖人則以118分取得勝利。等比賽結束後，Kobe才拄著拐杖離開，接受記者採訪時說道……

「I was really tired, man. I was just tired in the locker room. Upset and dejected and thinking about this mountain I have to overcome. This

阿基里斯腱斷裂 》》》

阿基里斯腱又稱為跟腱，連接人體的小腿肌與腳跟，與小腿肌共同作用，能做出各種像是跑、跳、爬樓梯等動作，是人體最為粗壯的肌腱。

而 Kobe 所遭遇的是第三級的肌腱傷勢，也就是完全斷裂，需要的復健時程比一般肌腱拉傷來得更久，跟腱斷裂修復後，通常需要花上超過一年的時間，才能找回原先的速度、跳躍與推進能力，甚至是第一步的切入，這對於籃球員來說至關重要，像 Kobe 之前的搭檔歐尼爾，便是因為阿基里斯腱受傷而提早退休。

is a long process. I wasn't sure I could do it. But then the kids walked in here, and I had to set an example. 'Daddy's going to be fine. I'm going to do it.

　　我真的很累，我剛剛在休息室就感到很累，失望且沮喪，想著我這次必須克服的這道坎。這會是很漫長的過程，我不確定我是否能做到。但接著孩子們走了進來，而我必須作為一個榜樣，我告訴他們，爸爸會沒事的，我會做到的。」

　　事隔多年後，某次專訪上主持人曾問Kobe當時為何仍堅持要罰球，Kobe說：「這不是個太難的抉擇，我沒想過自己會無法投那兩球，我當時只想，我們需要這兩分，而我有辦法投進，所以我就去投了，我從沒想過直接退場，我必須完成這個任務，我必須這麼做。」

　　Kobe積極復健，成功在隔年球季返回球場，但只打了六場比賽，就再度因為跨步的動作，傷到左腳膝蓋，致使整季比賽報銷，令人惋惜。再度下場的Kobe，膝傷確診為左膝脛骨平台骨折，通常這種骨折出現在車禍居多，尤其是當膝蓋遭受到強烈撞擊或扭轉後容易產生，所幸Kobe的傷勢並不嚴重，屬於非移位性的骨折，且沒有傷及任何軟組織及半月板。

　　原訂六週的治療時間，但復出時程不斷被延後，從原本的六週變成明星賽後，再從明星賽延至三月中，最終宣布整季報銷，因為膝蓋骨頭仍沒有順利痊癒。對於阿基里斯腱斷裂與膝蓋受傷，各界眾說紛紜，年齡可能是其中之一，肌腱和韌帶中的水份會隨著年紀增長而逐漸流失，使組織失去彈性、也更加脆弱。

　　還有另一個顯著的原因就是過度使用。在2012年球季，Kobe的平均上場時間為38.6分鐘，排名聯盟第五，受傷當月的六場比賽平均更高達

45.2分鐘，只因湖人正處在爭奪季後賽資格的峭壁邊緣，許多人對湖人總教練的作法提出質疑，認為他未照顧到球員的體能表現，是罪魁禍首之一。

但這兩次意外，也跟Kobe的個性有著絕對關係，大家都知道他是個偏執狂，對訓練及自我要求之高，當他用這種態度面對運動傷害時，不單單會造成醫療團隊誤判，甚至是影響自己的職業生涯。

但Kobe的態度也讓他的輝煌成就不容質疑，Kobe並不是因為他咬牙苦撐，甚至是忍痛才得到今天的成功，而是他在受傷後的復健之路堅忍不拔、努力不懈，才能克服多次的傷痛，一次又一次的回到球場上；受傷之後不是多跑一點就不痛，多投一點就不痛了，Kobe始終以正向積極的態度回擊傷病。

⑤ 無懼

Kobe認為，一個人最大的恐懼，源於自己；不是外部的，不是超自然的，而是來自自己。

堅守自我、面對挑戰時從不畏懼，抓住機會便要證明自己，這就是Kobe。面對世人對他的批評，說他無法靠自己奪冠，他就拚盡全力，用二連霸來回應外界的質疑；別人說他不懂得傳球，自己投得太多，他則很直白地表示機會來了還是會出手。

Kobe是第一個未滿18歲便參加選秀的後衛球員，雖然他在高中籃球隊就相當厲害了，仍遭受眾人質疑，即便他再怎麼展現自己的籃球天賦，還是有許多球隊不敢下注於他，所幸湖人隊慧眼識英雄，將他招募至隊伍中。

進到NBA後，Kobe的首場賽季沒有一鳴驚人，雖因身份特殊而廣受聯盟矚目，但始終被前輩壓制在板凳上，平均上場時間只有15.5分鐘。而在季後西區半決賽對上猶他爵士隊的第五場比賽中，Kobe連續搶投，結果丟出三個麵包球，讓湖人以1比4打包回家。

　　此舉讓隊員和很多湖人球迷都無法接受，爵士球迷甚至起哄嘲笑Kobe，種下Kobe日後對戰爵士隊時大開殺戒的伏筆。但這樣一位新秀，敢在隊上擁有許多明星球員的湖人隊出手，可以看出Kobe無懼壓力的氣魄及膽識。

　　1997年賽季，Kobe開始兼打後衛與小前鋒的位置，上場時間因此增加至26分鐘，繳出場均15分的成績，入選明星賽，事實證明只要給他發揮空間，他絕對有能力拿出讓人驚艷的表現。

　　1997年12月17日，Kobe首次與自己的偶像籃球大帝喬丹正面交鋒。當時在公牛主場聯合中心，由於天下第二人史考提‧皮朋（Scottie Pippen）和歐尼爾同時缺席，使得比賽焦點全落在兩世代的交鋒上。

　　正處巔峰的喬丹並不把這個小夥子看在眼裡，結果也如喬丹所預期，全場拿下36分帶領公牛大勝湖人，但Kobe絲毫不怯場，一開始就放話會打敗喬丹，整場比賽也打得相當拼命，拿下33分的好成績。

　　這就是Kobe與喬丹第一個經典對決，賽後球迷不單把Kobe定位成下一個飛人，更察覺到這是一名與喬丹非常相似、甚至很有可能繼承他偉大得分後衛之名的新星。之後好幾次對戰，喬丹也注意到這個絲毫不退讓、不畏懼的小子，不僅囂張臭屁，更樂於挑戰自己，種種特質與自己非常相似。

　　Kobe曾說：「領導是一個敏感的話題。很多領導者失敗，是因為他

們沒有足夠的勇氣打破現狀、振奮人心。但在我的籃球生涯中，從沒有這種擔憂。」Kobe不在乎外界的批評，甚至將這些批評、指教視為每次成長的機會，過程中也不曾迷失自我，始終用自己的方式證明給別人看。

Kobe那超乎尋常的好勝心，再加上近乎瘋狂的訓練，讓他總是能給予他人關鍵的一擊，不然就是在最末節帶領著大家逆轉比賽，不管是後仰跳投、上籃動作、底線反手扣籃等，都是一氣呵成，殺得敵方措手不及。

但不得不說，我很懷念以往喬丹的時代，那時賽場上不乏打死不退的傳奇球員，即使身上充滿著大大小小的傷勢，還是有一股血性想上陣殺敵，特別是遇到狠腳色時，更會加深他想搏鬥的意志。

艾倫・艾佛森（Allen Iverson）曾說過，每當Kobe遇到或是其他能與他廝殺的超級巨星，都會讓他異常興奮，即便身體有任何不適，也會上場享受對決，這也是球迷想看見的，那股拚了再說的熱血，這類帶有瘋狂性格的球員對我來說真的很有感染力，渾身散發著無所畏懼的英雄氣息。

Kobe在2013年曾參加中國訪談節目「開講啦」，該節目每期會邀請一位嘉賓講述自己的故事，分享他們對於生活和生命的感悟，給予年輕人現實的討論和心靈的滋養，除人生問題外，同時也討論中國年輕一輩的社會問題。

該節目製作單位以「如果你永不畏懼」為題，鄭重邀請Kobe分享他的人生觀，以下提供訪談摘要，讓大家瞭解Kobe的曼巴精神究竟為何。

① 你打算拿多少次冠軍才夠？

我第一次打球的時候，想的目標就是冠軍，沒有止盡。我現在還想下

一個冠軍，這是我永遠的目標。

 黑曼巴精神在你心中到底是什麼？

　　黑曼巴是一種擁有致命劇毒的蛇，我為什麼取這個名字？是因為我只要站在場上，我就是致命的，就像曼巴蛇一樣。我在場下可能還在跟對方開玩笑，但我一上場，我會馬上轉換成另一個人，成為一條黑曼巴。在球場上全神貫注，我現在也35歲（當時是2013年）了，算走到職業生涯的後半程，這樣一些受傷也早已司空見慣了。

　　受傷會使你覺得世界都停了，不管是膝蓋還是肩膀受傷，我知道很多人的職業生涯都因此而葬送，有的人甚至一蹶不振，無法重回球場上。當那發生的時候，我都會照著鏡子，對自己說：「Kobe你會怎麼做？如果你經歷這樣的傷痛你會怎麼樣？」

　　我每次看到別人因傷退場，總會思考那我自己呢？是不是應該退出了，是不是應該停止打球？但其實我也不知道自己受傷後能否重返賽場，可我仍告訴自己要完全康復，要再度重回球場，我覺得這才是迎接挑戰的意義所在，向所有人證明自己。向那些人說你永遠不會成功、一定會失敗的人，證明你能夠正面迎擊。如果有人觸霉頭，說這次受傷便一蹶不振，換成別人可能真的會退出，但我是Kobe，我不會這麼做，我反而更要證明自己，尤其是對那些支持、熱愛我的粉絲們。

　　贏了傷痛、重返球場，讓那些懷疑我的人重新思考，讓他們明白把不可能變成可能是什麼，對我來說，這樣才不枉費我受過的那些傷，傷疤的重要性便體現在這，是我人生成長的轉變。

　　身為一名籃球員，我與生俱來的熱情就是想要成功、想要贏，這是我

人生最重要，也是最艱難的事情，不斷迎接挑戰，而且對挑戰永不畏懼，在場上把全隊的人變成一個人，團結一心取得勝利。

另外，還要保持好奇心，比如要怎麼打得更好，如何提升技巧，從他人身上如何學到東西？我從小就一直從各方面尋找激勵我的因素、目標，不僅是跟籃球有關的喬丹、魔術強森，還有貝多芬、李小龍等，這些偉人給我激勵，賦予我前進的推力，而這就是黑曼巴精神。

雖然黑曼巴極富攻擊性，但這並不是要你不斷攻擊別人，而是要你別停下前進的腳步，學海無涯，唯有不斷學習，你才能變成更好的人，你的技巧才會提升，進而成為冠軍，成就更好的自己。

所以，如果我希望能把這種精神傳遞給大家，不管你未來想做什麼，可能是像我一樣成為一位籃球員，亦或是作家、主持人，都一定要堅持住夢想，從成功的前人身上吸取經驗和知識。

③ 在球場上，你的剋星和天敵是誰？

我在比賽時不害怕任何人，我覺得沒有什麼好可怕的，因為對我來說，打球的目標其實很簡單，就是不斷迎接挑戰，主動出擊、主動挑戰。如果輸了也沒關係，只要記取教訓，下次再來，所以我從不怕挑戰，也不怕任何人。

④ 17歲進NBA、25歲拿到三個總冠軍、35歲接連負傷，對於這些階段有什麼不同的認知？

有很多的改變，從職業生涯的角度或籃球的角度來說，我覺得我到了三十幾歲這個年紀，我必須要反思、總結並且回顧。雖然我有傷痛，但我

也因為很早名滿天下，所以我要反過來探討以往的成功，那時很多人說你這很棒那也很棒，你會因此變得自滿，不知道自己的下一個目標是什麼，所以我要跟我的自滿戰鬥，因為我還沒真正達到功成名就，還沒有到退休那天，我不能這樣就自滿。

再來談到我家人，我很幸運娶到一個好太太，她跟我有著相同的價值觀，我們對成功的的定義非常相似，在教育孩子上也有同樣的價值觀，讓孩子們看到我的努力非常重要，要讓他們看到我從傷痛中努力康復並且復出。

因為如果我輕易退出，沒有從傷病中走出來，我會給孩子們帶來什麼榜樣？作為家長、一名三十五歲的成年人、一名丈夫，我應該時常反思人生。有次我想和家人製造更多美好的時光，我們去義大利度假，我小時候在義大利長大，所以能說一口流利的義大利語，但我的孩子不會，那時我就要他們試著說說看，想當然孩子們一開始非常排斥，直接告訴我學不會。

我又反問他們，如果你不試著說，怎麼知道你學不會呢？孩子們問我為什麼要學，聽起來很難。我試著引導他們，要他們不用擔心，假如連嘗試都不嘗試，一定不可能學會，學一門外語很不容易，就像我試著用中文說出我的名字，但一定要去嘗試才會知道結果。

⑤ 在這將近二十年的職業生涯裡，極限在哪？會不會害怕下一個十年再也不能打籃球？

說到我的傷，真的是一個沉痛的話題，要訓練自己的身體，將傷病的機率降到最小，足夠的訓練、熱身，還有按照營養師的菜單進食，是相當

重要的，但有時候天命難為，難免還是會受傷，可這就是比賽的一部分。

很多事說來就來，所以你只能接受生活中所有不能控制的事情，你要學著看淡它，堅強地面對它，且當傷病真的來臨時，要有克服它的勇氣，不要害怕、不要徬徨。

⑥ 若有機會和偶像打球，你會希望跟誰打球呢？

我想和喬丹、魔術·強森、這兩位籃球員對我影響很大，我覺得他們是非常偉大的球員，我小時候從他們身上汲取到很大的力量，所以我希望可以跟他們一起打球。

⑦ 什麼時候退役？

該退休的時候，就是我再也不想早上四、五點起來訓練，我沒有一種想獲勝的感覺，那我就知道自己是時候離開了。

但我照鏡子的時候，我只看我現在的狀況，從不回顧過去，更不會沉浸在過往的榮耀之中，我設法過好當下，盡力瞭解自己，也正視自己各項問題，清楚知道現在的優、劣勢為何，唯有真正瞭解自己的能力，明白我可以做些什麼、不可以做什麼，才能做出正確的決定，繼續往前行。

從小便展現對籃球熱愛的 Kobe，自 1996 年起效力洛杉磯湖人隊二十年，為湖人隊拿下五次 NBA 總冠軍，生涯平均 25.4 分、生涯總得分高達 33,643 分，在歷史排名為第四；並擁抱 5 枚冠軍戒指、1 屆年度 MVP、2 屆 FMVP、4 屆明星賽 MVP、11 屆年度第一隊、9 屆年度防守第一隊、2 屆聯盟得分王、2 屆奧運金牌加冕等殊榮，作為史上偉大球員之一，他當

之無愧，嘎然而止的人生雖稍嫌短暫，但Kobe這41年的人生過得比誰都還精彩。

Kobe最激勵人心的10句話

★談成功

「當你做出一個決定，並告訴自己『不論是什麼艱難險阻，我都要做到』時，千萬不要訝異你最後真的會做到。因為當你有決心時，你已經能預見成功時刻的到來，它一直都在你的腦海裡從未離開過。」

★談憤怒

「當我發現球場上那些會讓我負面情緒爆發時的東西，所有和比賽有關的事都改變了。我現在知道我可能會在球場上因為憤怒而迷失自己，但不論生活中什麼事情影響我，我都必須回到球場，然後把憤怒轉換成正面情緒。當你帶著一種正面的情緒打球時，帶給你的是一種全新的感覺，我愛死這種感覺了。」

★談犧牲

「人的一生當中總有一些選擇你必須要去面對。如果你想在某些領域有所成就，那你就不得不有所取捨，只要學會做選擇，每個人都可以是人生贏家。我想表達的就是，有選擇就必須要有犧牲，比如放棄和家人在一起的時光，和朋友出去逛街，做一個稱職的朋友，當一個孝順的孩子……等等很多例子。如果你要成功，那你要犧牲許多。」

★談最強者

「你永遠無法超越我，因為你永遠無法像我一樣全身心投入。如果你說你也想跟我一樣，我只能告訴你不可能，因為有很多的責任和事情，使你無法像我一樣專注。所以，我已經贏了。」

★談冠軍

「我記得當我贏得總冠軍後，我想的是『太好了，接下來是什麼？』當隊友們在慶祝，搖著香檳相互噴灑時，我拋開一切問自己，『接下來，我想要的是什麼』？」

★談失敗

「當我們對自己說做不到一些事情，我們無法取得一些成就時，我們是在故意找藉口，讓自己迷失。我的大腦無法處理失敗，因為當我坐下來對自己說『我是一個失敗者』時，我認為這比死亡還糟糕。」

★談傷病

「我戰勝傷病的方法就是儘可能不去想它，當比賽比傷病更重要時，你就不會去考慮傷病的問題了。在這種情況下，傷病不會成為你贏得勝利的阻礙，因為傷病對你根本不重要。」

★談放棄大學

「我想成為世界上最好的籃球運動員，所以如果我要學習，我就一定要向世界上最好的球員學習。孩子們到學校讀書，未來希望成為醫生或者

律師，他們就應該在大學裡學習，那裡才能真的幫到他們。」

★談職業生涯後期保持狀態

「在這個年齡，你要想保持狀態，你只能不斷拉伸、不斷冰敷、不斷理療，只允許自己吃有益的食物，喝有益的飲品。這是一種生活方式，也是你必須始終保持的生活方式。我必須時刻提醒自己，我已經不再年輕了，但我會想辦法解決這一切。」

★談成為歷史最佳

「最重要的事情，是你必須讓每個人意識到你的存在，並感知到你真真切切的競爭力。從一開始，我就不希望只當個像流星的球員，一閃即逝，我不想只成為一屆或者兩屆全明星球員，我希望成為歷史最佳。當我下定這個決心後，每場比賽對我來說都意義非凡，我盡全力做好。」

小飛俠柯比
激勵你的10堂課

Kobe Bryant の「熱情」

If you love a thing you will overcome all difficulties ～Kobe
當你熱愛一件事時你就會為它克服一切困難。

Kobe Bryant說：「我愛球的味道，我愛球鞋的味道。」

Kobe對籃球、對比賽的熱情，自從他2歲接觸籃球的那一刻起就未曾停過，高中時期就擁有高超的球技，跳級進入聯盟後更展現初生之犢不畏虎的競爭態勢，即便他只是名17歲的高中生球員，面對聯盟中的牛鬼蛇神也無所畏懼，徹底展現出他對籃球那無比的熱情，在他20年的湖人生涯中，不斷精進自己的球技，從早期飛天遁地的拉竿扣籃，到後來優雅的後仰跳投，以及數不盡的高難度投籃命中，許多球星如Kevin Durant，都評價他是一對一最難以防守的球員。

退休後，Kobe對籃球的熱情也不曾減少一分，除了創立曼巴體育學院（Mamba Academy）培育許多年輕的籃球選手，還拍攝了短片《致親愛的籃球》（Dear Basketball）講述他與青春相伴的籃球旅程，一舉拿下奧斯卡獎。然而令人惋惜的是，當我們正樂見他與二女兒Gianna在籃球上的傳承，Gianna在場上展現的動作，有著爸爸的影子，卻傳來父女兩人離世的噩耗，令人震驚與不捨。

熱情是做你「喜歡」的事，不是你「非做不可」的事。當你為了某個目標全速衝刺，仍闖關失敗時，會不會懷疑是因為自己還不夠努力、還不

夠想要，所以才達不到成果？「想要」是人們對目標的熱情來源，使人充滿幹勁，能讓你展現最大的能力。對工作和事業沒有熱情的人，不會取得任何成就，縱觀古今中外所有的成功者，他們都是對工作和事業，愛得如痴如醉，也正是這把熱情的火，才點燃耀眼的成功。

你夠努力改變現狀了嗎？

Kobe Bryant說：「我不想當下一個麥可・喬丹，我只想當Kobe Bryant。」

生活中，大多數人都是不滿現狀的人，得到一件東西，還會想要得到另一件東西，得到之後，還會有更高的追求。我們之所以不滿現狀都是為了得到更好的生活、更好的人生。

不滿現狀時，我們該怎麼辦呢？瑪雅安傑洛曾說：「如果你不喜歡某件事，就改變它；如果改變不了它，就改變你的態度。」你應該做的不是抱怨老天不公，不是怨嘆時運不濟，而是起身動手改變，如果你不試著改變，你的人生就不會起任何變化。這世界總是無時無刻地在改變，因此不要害怕改變，而要習以為常，如果不懂得適時改變，就很容易被淘汰！

如果你有一個好的想法，想辦法實現它，如果你對什麼感到興趣，想辦法讓自己成為那個領域的行家。

一個人能不能成就大事，要看他有沒有熱情。如果有一個人，他整天無精打采，做什麼事都無法進入狀況，也很少看到他眉飛色舞的樣子，更難指望他能讓身邊的人感到快樂。雖然他做事總是按部就班，很少出大錯，但相信他也絕不會做到最好。

這樣的人，你如何能想像得出他能冒險、承受壓力、克服重重困難而

成功嗎？

　　沒有熱情就沒有衝勁，當然也就不可能將身心靈都投入到目標當中。事實上，有熱血才能成就不凡，就像Kobe bryant一樣。也許戰勝喬丹的目標對還是高中生的他來說非常遙遠，但為了實現目標，不可避免地要承擔失敗、犧牲生活，但這一切都會是值得的，且這也是必然的過程。

　　所以，不要整天抱怨自己窮，抱怨老天不公平，抱怨周遭的人不夠支持你，你應該先思考自己是否有想辦法努力改變現狀了？是否替自己設立了明確的目標？又是否曾經為了這些目標主動出擊？如果沒有，你憑什麼責怪他人害你無法成功呢？一輩子很長，你正年輕，想改變，就立即付出行動。你要知道人生沒有白走的路，每一步的改變都算數。

知道自己要什麼

　　一個人想創造自己的價值，就必須清楚自己想做什麼，同時以這個目標去規劃自己的人生。

　　記錄片《人生七年》裡，有一句話：我看到十四個不同的人生，有的人一出生，他的命運就已註定，有的人，改變了所謂的宿命。其中有一人名叫Peter，二十一歲時Peter在大學學習歷史，那時的他希望自己的人生有所不凡，不想庸庸碌碌過一生。畢業之後他選擇當一名老師，日子過得不好也不壞，但他並不開心，因為他放棄自己的音樂夢想。幾年之後，想改變生活的他，努力考公職成為一名公務員，並在業餘時間組織了樂團，重新走上音樂道路。Peter說：「生命就是不後悔，生命就是要體驗，最重要的是不要感覺對人生做太多的妥協，你要繼續按照你的夢想生活下去。」

因為對自己的人生有想法和態度，所以Peter勇敢地做下每一個選擇和決定，改變自己的生活，追逐自己的夢想。

　　人生要選擇了才知道，也只有自己可以改變自己，決定自己的人生。從現在開始行動起來，做對的事，走上改變的道路。

　　以電影《海角七號》一炮而紅的導演魏德聖，他沒讀過大學，五專唸的是電機科，在學校時他玩了五年，靠著自修跟人脈進了電影圈，在這看似苦盡甘來的過程，其實是他一路自學、一路跌跌撞撞走過來的。

　　魏德聖以前根本不看西洋片，頂多看看港片，也說不上喜歡電影。直到當兵時遇到一位世新電影系畢業的軍中同袍，強拉他去看了一部義大利導演塞吉歐・李昂尼（Sergio Leone）的《四海兄弟》（Once Upon aTime in America），他大受感動，原來電影可以這麼感人，可以帶給觀眾這麼多的回憶與啟發，但他什麼都不會，要怎麼拍出一部電影呢？於是魏德聖留在台北伺機而動。

　　退伍之後，他賣過納骨塔，做過一堆跟電影圈無關的工作，直到朋友介紹他去電視台的台語劇組打工，才算勉強入行。一開始，他對於電視劇的陽春規模難以接受，從預算到拍法都很粗糙，滿腔熱情被澆了一大盆冷水。後來在朋友的介紹下，讓他在金鰲勳導演《傲空神鷹》的劇組中當場記，因此認識了許多業界人士。

　　起因是日本導演林海象來台灣拍攝《海鬼燈》，需要開車的製片助理，而楊德昌導演看他工作認真，又會寫劇本（當時以《賣冰的兒子》獲得優良劇本獎），等《海鬼燈》拍完之後，就讓他從助理導演做起，魏德聖也總算進入電影界。

　　原本他是個連小說和漫畫都看不完的人，沒有慧根，也沒有耐心。在

媒體的訪談當中，魏德聖說：「人家說沒看大師電影，不算電影人，而我連大師的名字都沒聽過，所以我先找大師的錄影帶來『參拜』，看了一堆路易斯・布努埃爾（Luis Bunuel 西班牙國寶級電影大師）和黑澤明（Akira Kurosawa日本近代國際知名導演）的片子，名氣響亮歸響亮，可是我就是看不下去，覺得自己跟電影無緣，不是做電影的料。後來，我找了王童導演的《無言的山丘》，先看完全部電影，再一場戲一場戲去看，臨摹該片的鏡位圖、動線圖，然後研究機器怎麼擺，鏡頭怎麼連接，幾乎要把整部電影都肢解了，再一格一格去拼湊重組，研究導演的分鏡，不清楚就去請教別人，這時才完全搞懂電影是怎麼製作的。」

在拍攝初部電影《海角七號》時，經常面臨到經費短缺的問題，在恆春出外景時，經費甚至只剩台幣五十萬元，魏德聖當時還向銀行抵押貸款，財務問題才得以紓困。而這部《海角七號》不僅獲得臺灣「台北電影節」（Taipei Film Festival）百萬首獎，更拿下了日本「亞洲海洋電影展」（Asian Marine Film Festival）最佳影片首獎及美國「路易威登夏威夷影展」（Louis Vuitton Hawaii International Film Festival）劇情片類首獎。也因為如此，之後的《賽德克巴萊》才能獲得諸多有意的資方投資。

藉口多的人離夢想最遙遠

Kobe Bryant說：「我和懶惰且只會指責別人的人沒有共同之處。偉大的事情來自勤奮和毅力。沒有任何藉口。」（I have nothing in common with lazy people who blame others for their lack of success. Great things come from hard work and perseverance. No excuses.）

成功的人找方法，失敗的人找理由；藉口是這世界上最甜美的毒藥，一開始會覺得美味，之後等毒性發作變痛苦不已。

迷惘與困惑是必經的階段，害怕與逃避誰都曾有過，但不要將迷惘與困惑當作你可以自我放棄、甘於平庸、廝混時間的理由，更不要作為你怨天尤人、推卸責任的藉口。

一個小男孩問三名工人說：「你們在做什麼呢？」

第一名工人沒好氣地說：「你沒看見嗎？我正在砌牆啊。」

第二名工人吹噓地說：「我正在做一件每小時九美元的工作呢。」

第三名工人哼著歌，神情愉悅地對男孩說：「你問我啊，那就告訴你吧！我正在建造這世界上最美麗的教堂呢！」

這就是問題的癥結。

如果你只將目光停留在追逐夢想所碰到的難題上，那你即便是從事自己喜歡的工作，做自己喜歡的事，你也無法長保逐夢的熱情。又假設在擬定合約時，你想到的是一個幾百萬的訂單；在蒐集資料、撰寫文案時，你想到的是招標會上的奪冠，你還會認為自己的工作百般無聊嗎？能讓你逐夢的熱情毫不止息的秘密之一，就是要能「看到超越眼裡所見的事物」。

一旦心情愉快起來，就能使你全身心都投入，原本覺得乏味無比的事情頓時變得具有創造性，似乎掌握在你手中，這正是許多人還沒發現的方法。

對待夢想以藝術家的精神，而非以作業員的方式。假使你對夢想即將帶來的美好體驗擁有期待，假使你覺得只有你才能使夢想的實現更為精彩，那麼你就永遠不會產生厭倦感。

不妨想像看看前面三位工人的命運，前兩位繼續砌著他們的牆，因

為他們對未來沒有渴望，沒有夢想，從不想去追求更大的成就。但第三位認為自己在建造「世界上最美麗的教堂」，他必定不會永遠是名砌牆工人，將來他也許能成為承包商，甚至成為很有名氣的建築師，我們能肯定他會繼續發展，因為他善於思考，對工作充滿熱情，表現出他想更上一層樓。

美國作家傑克・凱魯亞克（Jack Kerouac）在自傳性小說《在路上》（On the Road）中提到：「我還年輕，我渴望上路！」在人生的旅途，我們都該保持年輕人的精神，每天滿懷期待地迎接陽光的灑落，以年輕人那源源不絕的熱情奮力逐夢。

我們的目標該是卓越，你可以從改變動機開始，可以從轉變態度做起，可以從訓練自己的能力開始，可以從提升自我的價值開始，從無到有，知道自己想做什麼，你才能發揮最大的價值！

你是在做「工作」，還是在做「事業」？

對你而言，你天天在做的到底是工作、事業，還是使命？

哈佛大學心理學教授泰勒・沙哈爾（TalBen-Shahar）總結了人生的三種工作進程，一是賺錢謀生，二是事業，三是使命。

僅把工作當作一份職業，看重的可能只是薪水，為了賺錢謀生，一旦期望落空和工作稍一不順心，失落感與挫敗感會明顯增強；把工作當作一份事業的人，責任和動力會明顯增強，個人能力的提高與職位晉升也會相對更快；而把工作當作一種使命的人，不僅不會畏懼遇到的困難，還會更加享受工作中的樂趣，並為你帶來實質上與精神上的富足。

沙哈爾認為，如果只把工作當成任務和賺錢的手段，那就沒有任何個人價值能在其中實現，「每天上班」這件事，也就變成了「必須」而不是「想」去，在工作態度上偏向於被動，你不得不工作，因為需要工作來獲得薪水。所期盼的，通常除了薪水之外，就是假日與節日。即便是有主動的行為大部分情況也是受利益驅動，一個在年輕時只考慮謀生狀態的人，僅關注短期利益，到了年老時肯定無法安享漫長的晚年時光。

　　相反地，如果把工作當作一份事業，這樣就能在獲得成就感的同時兼顧個人利益。能將工作當成是自己的事業的人，首先在工作上不會有推諉，抓住一切機會學習並提升自己，也有比較強的目標感，同時有長遠的規劃，一般都抱持著做出一份傲人的成績，比如把公司做上市，成為行業的佼佼者，進入公司的核心高層等等；且有事業心的人比較看重自己最終能達成什麼樣的成績，不會特別在意當前的待遇。為什麼有的人願意以極低的工資加入一個創業公司，就是因為想做成一份事業，成功了自然能獲得極大的回報。事實上，大部分有事業心的人在整個職業生涯中獲得的收益和成就會更高。

　　有事業心的人和沒有事業心的人區別非常大，有事業心的人對自己做的事情有一種內在的動力，年紀輕輕就有了長遠打算，即便從事的事業沒有獲得最終的成功，但經過幾十年的累積和不斷提升，到退休時也能達到一個行業專家水準。

　　若你能將工作當成自己的「使命」，那工作的本身就是你人生的目標了。薪水、職位固然重要，但這時候我們工作是因為我們自己想從事這份工作，工作的動力來自於內心源源不絕的渴望，對這樣的人來說，工作是一種恩典，而不是為他人賣命，或是為了謀生、為了錢。也因此，這樣的

人能對工作充滿熱情，在工作中實現自我價值，並進而得到充實感。

同樣一份工作，你只是為了謀生，而別人當成事業，短期看沒有什麼大的差別，但是三年五載一過，你也就只能望其項背了。現在就將工作當成是你的事業、你的人生使命來做，讓它不僅僅只是你賺錢的手段，而能與你的人生規劃連結起來，你就會覺得自己所從事的是一份多有價值、多有意義的工作，徹底改變只為金錢工作的不良態度。

興趣與責任是成功最好的起點 🏀

選擇工作的時候，如果能夠連接上自己的夢想，工作的目標感和動力感自然會隨之增強。

想想自己十年、二十年後想成為什麼樣的人，你內心的聲音將為你指引前路的方向，找到自己喜歡做的，能發揮自己優勢的，值得用一生去做的事業，確認你的使命。

只有做自己有興趣的事、擅長的事，才能始終都保持興致高昂、樂此不疲，不論這個過程有多艱辛、有多痛苦，始終都能「樂在其中」。

比爾・蓋茲是世上公認最會賺錢的人，時至今日，當他成為世界首富之後，他依然在「玩電腦」，他從微軟CEO退位下來之後，擔任首席軟體設計師，因為這是他最喜歡的工作。他每天思考的並不是要如何生出更多的錢，而是動手解決自己感興趣的問題，解決這些問題帶來的刺激與挑戰，遠比單純謀利更能讓蓋茲覺得興奮，這就是興趣造就了財富，而這些讓他感興趣的問題得到了解決，也自然為他帶來了巨大的收益。

Google創辦人布林（Sergey Brin），在高中甚至更早之前，就深深被網際網路的魅力所吸引，他將網際網路視為通往未來的必經之路，早在

上大學的時候，他就已經發明出一套搜尋系統。

一九九八年，二十四歲的布林和二十五歲的佩吉（Larry Page）決定合夥創業，而他們唯一能提供的服務就是搜尋引擎。在對商業計畫一無所知的情況下，布林從一位史丹佛校友那裡順利地拿到了第一筆資金——十萬美元。

從這十萬美元，布林和佩吉在朋友的一個車庫裡開始了Google的創業過程。創立之初，公司除了布林和佩吉之外，就只有一名員工，那就是克雷格‧希爾維斯通（Craig Silverstein），他曾是Google的技術總監（已於二〇一二年離職，加盟可汗學院Khan Academy）。

他們很快就得到了回報，當時的Google每天約有一萬次的高搜尋紀錄，逐漸被媒體關注。一九九九年，又有兩名投資家向Google挹注了兩千五百萬美元的資金，使Google得以進入嶄新的發展階段。

Google的成功，除了源於他們天賦外，更源自於其創辦者布林和佩吉長期以來的興趣鑽研與發揮了想像力。

而布林與佩吉的正直與敢言似乎也是與生俱來，兩人曾在Google股票上市前，要求投資人不要買他們的股票，除非能認同他們「不按牌理出牌的行事風格」，佩吉甚至說：「你買Google的股票，就是在我們兩個身上下注」。

在Google獨樹一幟的商業風格當中，他們信奉的「不作惡（Don't be evil）」原則更是特別引人注目。因布林與佩吉認為：「搜尋和整理世界上所有的訊息，是極其重要的任務，應該由值得信賴與熱心公益的公司來執行。我們始終相信，運轉順暢的社會，應該要有充裕、自由與公正的管道來獲得高品質的訊息，Google也因此對這個世界負有責任。」

Google首席執行官施密特（Eric Emerson Schmidt）曾以為「不作惡」這件事只是一個玩笑話。直到有一天，他在辦公室裡參加一項新廣告產品的戰略討論時，一名工程師中途插話說：「那是在作惡！」這句話就像在屋子裡扔下了炸彈，大家將工作放在一邊，開始討論起道德和倫理關係，而那個產品最終也被駁回了。

在「不作惡」的大原則之下，Google「善於放棄」。廣告是Google的命脈，但他們主張極簡主義，看過Google首頁的人都知道它簡潔又乾淨，除了一些重要節日之外的創意表現，相對於那些將廣告、新聞等讓人眼花撩亂的內容佔滿首頁的對手們來說，Google淡化了商業氣息，完全突出了搜尋功能。順帶一提，Google不接受烈酒廣告，更不用提槍械廣告，同樣在禁止之列。

人很難在自己討厭的行業裡真正致富，多數成功者的共同名言都是：「找到你最感興趣的事，並極力鑽研它」。你可以模仿別人的成功模式，但若並非你真正的興趣，那麼也很難創造財富。只有先對某件事充滿熱情，才能比別人更加無怨無悔地投入，最終更有機會獲得成功。

已逝的賈伯斯（Steve Jobs）也曾說：「你必須要找到你所愛的東西。（You've got to find what you love）」他也相信如果他當初沒有被蘋果公司解雇，之後的這一切也都不會發生。

讓工作成為你的使命之一

對於一些剛踏入職場的新鮮人來說，剛開始都是為了能夠生存，為實現物質上的寬裕而工作。接著，當自己做出了一些成果，每個月領的薪水也足以維持不錯的生活品質之後，此時在意的就可能不再是老闆能再加多

少薪水，這個月的獎金是否能再多一些了，而是這份工作未來會有什麼樣的發展前景，自己是否能再從中提升自我。

如此，就會產生一股想創業的念頭，因為此時我們考慮的範圍已不再侷限於自己，也不再只是金錢，而是更加遠大的人生規劃與事業發展。

同一件事，若對於工作等於事業的人來說，它就意味著執著、追求與力求完美；而對於工作不等於事業的人而言，工作則意味著無奈與不得已而為之。

真正將工作視為使命的人，會對自己的事業懷抱著濃厚且深切的興趣，而這種狀態也能有效鼓舞和激勵一個人對所著手的工作更加積極。

德國是汽車賓士（Benz）與BMW的故鄉，我們能感受到德國工業那種特殊的技術美感——從高貴的外觀到性能優質的引擎，幾乎每個細節都完美無缺。

事實上，德國貨之所以精良，是因為德國人多半是以宗教般的虔誠心態來看待自己的工作，來生產產品的。德國人將工作視為上帝所賦予的使命，全心全意地做好它，所以才能有如此優質的產品。

也就是說，對一個教徒來說，他做一樣工作，生產一樣商品，都不是為了金錢、為了謀生，而是為了完成上帝安排的使命、榮耀上帝（德語中，「職業」和「天職」、「神聖」、「上帝安排的使命」是一種終生的任務）。可以想像，這和只為對得起所拿的薪水相比，在工作態度上的嚴謹與認真會有多大的不同。

倘若我們能在日復一日的工作當中找到使命感，也就能從中得到超越金錢本身價值的更多意義和快樂。

玫琳·凱是美國最成功的商界女強人之一。1963年，她開辦了自己

的公司——玫琳・凱化妝公司，現在年銷售額為幾億美元。很多人認為她一定掌握了成功的秘訣，但她給出的答案卻是這樣的簡單：「有人說我是天生的銷售人員，因為我十分熱愛銷售工作。其實其他的銷售人員比我更有才能，但我銷售得卻比他們多，這是因為我比他們具備更多的熱情。」

熱情成就了玫琳・凱的成功，正是她保持對工作的熱情，才使得她成為全美最成功的女士之一。物理學家愛德華・亞皮爾頓這樣說過：「我認為，一個人想在科學研究上取得成就，熱情的態度遠比專門知識更重要。」熱情的人不僅是指擁有高度熱忱、滿腔抱負的人，他們更會以寬闊的胸懷去面對生活的壓力，在壓力面前，他們不會緊張、不會退縮。

當一個人充滿熱情時，會很容易擺脫「我不行」、「沒意思」、「一切都無所謂」等消極的觀念；當困惑、憂慮占據一個人心靈時，如果他能保持一顆熱忱之心，這樣他的抗拒能力就會大很多，再困難、令人沮喪的事都會迎刃而解。

既然熱情如此重要，那要如何每天保持熱情不減呢？有三個方法可以讓你每天熱情不斷，這也是我保持熱情的來源：

▶ 第一種方法：每天感受自己的進步

這個方法跟減肥很像，如果你每天都有量體重，每天看著自己的體重往下掉，那你減肥成功的機會就很大，因為每天都可以看到自己不斷進步，體重不斷往下掉，這樣會有成就感，你就會有源源不絕地熱情去做減肥這件事情，做任何事情也都是要感受自己有進步，這樣你的熱情才會每天不斷被燃起。

▶ 第二種方法：每天學習新事物

這個方法是讓我最期待的一個部分，學習新的事物是讓人非常愉悅的，所以每天都會透過不同的媒體或是上課，吸收新的事物，而結交新的朋友也可以有相同的感受，孔子說三人行必有我師，我是覺得，不用三個人，其實只要一個人就可以了，他一定有一些是你沒有接觸過的領域值得你學習，關鍵在於你如何去發掘和向對方請教，這時不恥下問就非常重要了，不要不懂裝懂，盡可能地去問比你年輕或者是地位不如你的人，相信這樣你也可以每天充滿幹勁與熱情。

▶ 第三種方法：每天努力為人或事帶來正向影響力

看到一些因為你的分享或是幫忙而對他們有所幫助，內心會充滿熱情的，助人為快樂之本這句話在我身上非常受用，我之所以能幫助或者是分享知識給他人，代表我比他們來的幸運、幸福，所以我把接收到的這些好運分給他們，內心也會因此感到滿足愉悅。

這是一個善循環的世界，你為他人帶來正向的影響，我相信遲早有一天，會回到你自己身上的，或許在那個當下，這個善的循環會拯救你所有的不順利。

2 Kobe Bryant の「執著」

Obsessive

I focus on one thing and one thing only — that's trying to win as many championships as I can.　　　　　*~Kobe*

我專注於一件事，而且只有這件事，那就是盡我所能地贏到越多冠軍。

Kobe Bryant不在乎別人對他的褒貶，眼裡只有對勝利的執念。在他20年的籃球生涯中，帶領湖人隊拿下2000、2001、2002、2009、2010年的總冠軍，於2008年獲選MVP，並榮登NBA歷史得分榜第3名，也是唯一一個終身效力於同一球隊的NBA球員。他的輝煌紀錄使人們瘋狂追捧他，永不放棄的精神更讓他成為NBA最受歡迎的球員之一。

Kobe的執著展現在對籃球、對勝利的執著，即便他已在場上投了十顆球，他仍會繼續出手第十一次，甚至是第二十次。這體現出他對勝利的執著，他在場上所展現的心理素質，是最強韌的，光是瞪著對手的眼神，就毫無保留地顯露出他對勝利的渴望，遇到再大的逆境，他也不會放棄爭取勝利，所以才能夠創造那麼多經典的絕殺球。

例如2013年那場對勇士的比賽，Kobe在一次切入中撕裂了阿基里斯腱，倒地不起，暫停過後他一跛一跛地走到罰球線上，眼中泛著淚水，忍痛堅持罰完兩球，不讓隊友代替罰球，更不要隊友攙扶下場。Kobe對於籃球的執著，造就了他鋼鐵般的意志力，成就了他不朽的傳奇。執著是一種信念，因為執著，所以堅持。

有一句話是這樣子說：「不是人人能當賈伯斯和貝佐斯，但是最聰明

的人不會一直贏，你需要的是「執著」。

「執著」幾乎是一種區分「成功者」與「失敗者」最重要的特質，「天才」加上執著經常就是奇蹟誕生的因素。若你不是天才，也不需要喪志，因為最聰明的人不會總是贏，你所需要的是堅持與熱愛，強化自己的能力，並不斷突破困難。

一個故事是這樣說的，一名十九歲少年很有數學天賦，某日晚飯後他開始做導師單獨布置給他的每天例行的三道數學題。像往常一樣，前兩道題目在兩個小時內順利完成了，而第三道題另外寫在一張小紙條上，青年做著做著，感到越來越吃力，這道難題激起了青年的鬥志：我一定要把它解出來！他嘗試以一些超常規的思路去解這道題，不斷推敲、反覆計算，當在窗外露出一絲曙光時，青年這才長舒了一口氣，他終於解開這道難題！

作業交給導師後，導師驚呆了，神情激動地說：「這真是你自己解出來的？你知道自己解開了一道多年來始終解不開的數學懸案？我最近正在研究這道難題，昨天給你規劃題目的時候，不小心把這個題目的小紙條夾在了給你的題目裡。你，你真是天才！……」

是的，面對困難和挫折，不要把它想得太重，只要相信自己的能力，挑戰自己的潛力，你會很順利地達到目的，相反，如果沒有必勝的信念，看低自己的實力則很難成功。

成功，來自擇善固執

Kobe Bryant說：「在你想要放棄的時候，想想是什麼讓你當初堅持走到了這裡。」（When you want to give up, think about what makes you insist on here.）

在一件事情上付出了努力，花費了很長的時間，可是卻遇到重重困難，這時要繼續堅持下去嗎？或許再堅持一下就挺過去了？可是我們也常常聽到，明明這條路行不通，縱使繼續投入時間、金錢與精力，一味地堅持下去，最後仍然難逃失敗，何不趕快轉換方向，尋找其他的機會呢？往往就在我們選擇妥協，結果沒多久之前的阻力或困難竟然消失了，然後我們就抱怨著，早知道繼續堅持下去，但哪有什麼早知道呢？

在生活上，我們經常會遇上受他人評價的場合，如果得到的是肯定與褒揚，我們當然高興，但我們不可能總是得到正面評價，免不了會有些批評，甚至是嚴厲的否定。很多人為了取悅他人，或是單純地避免他人否定或批評自己，就放棄自己的想法，依周遭人的評斷而改變。但人生是自己的，任何人都不是你，又為什麼要因為他人的話語，而輕易改變自己呢？Kobe Bryant說：「當我退役的時候，我希望回頭看我走過的路，每一天，我都付出了我的全部！（When I retire，I want to look back the way I walked past，every day，I have paid my all！）」就是因為他這樣的執著與堅定，才能維持長久的職業生涯不墜。他那背後的付出與堅毅的信念絕對不是我們所能想像，二十年來在自我要求訓練下他從不馬虎，用嚴格標準對待自己，不曾懈怠，就是這股頑強「不認輸」的勁驅使著他不斷在進步。

在此分享一個小故事：曾經在美國的海關裡，有一批被沒收的腳踏車在拍賣會上拍賣。每次喊價的時候，總有一個十歲左右的小男孩以五塊錢開始出價，然後眼睜睜地看著腳踏車被別人用比他多好幾倍的價格買走。拍賣員好奇地問小男孩為什麼不出更高的價格來買，小男孩無奈地說，因

為他身上只有五塊錢。

後來在場的群眾開始注意到這個總是率先出價的小男孩，直到最後一刻，拍賣會上只剩一輛最棒的腳踏車，車身光亮如新、設備新穎齊全。

拍賣員問：「還有誰還要出價呢？」這時，站在最前面，不放棄希望的那個小男孩輕聲地再說一次：「五塊錢。」這時，所有在場的人全部盯住這位小男孩，沒有人舉手，也沒有人喊價。直到拍賣員唱價三次後，他大聲說：「這輛腳踏車賣給這位穿短褲白球鞋的小男孩！」此話一出，全場掌聲雷動。那個小男孩拿出握在手中僅有的五塊錢鈔票，買了那輛最漂亮的腳踏車。就是因為小男孩不放棄地守到最後，才能得償所願。

知道自己想做什麼，堅持下去 🏀

只要你認為你是對的，你就去做，自反而縮，雖千萬人吾往矣。

太「獨」的球風一直是Kobe生涯中接收過最多的批評。因為場上的他總是想一手扭轉戰局，不論成功的機率高或低，這樣的信念始終不變，總是積極出手的打法招致多數球迷的噓聲與不解，但即使負評如射箭般鋪天蓋地地射向Kobe，他仍堅持自己，擇善固執，因此總能在關鍵時刻投進決定性的一球，逆轉比數，曾經多次在比賽倒數時刻創造關鍵絕殺，而那些經典賽事是如今球迷最懷念的。

一位出生於臺南的小男孩，自懂事以來就對戲劇、電影充滿興趣，不顧家人反對，執意走藝術這條路。儘管赴美念伊利諾大學戲劇系和紐約大學電影研究所，造就了他的導演專長，但並未使他因此順利執導拍片，反而在好萊塢展開漫長且無望的奔波。

起初，他拿著與別人合寫的一個劇本《不是迷信》向電影公司毛遂自

薦，兩個星期共跑了三十多家公司，雖然大多數製片老闆盛讚他的作品，但都要求他再做局部修改，並回去等待結果，他就在這樣修改、等待、再修改、再等待中度過，直到最終毫無結果。正如同一部文藝電影的中間橋段，他的際遇冗長且乏味、沉悶又困頓。所寫的劇本全都胎死腹中，連生計也成了問題。已過而立之年的他，不僅沒有一份穩定的事業，只能靠妻子微薄的薪水度日，在當時傳統保守的社會裡，終日在家做飯帶孩子的他，無疑是親友們指指點點及鄙笑的對象。

這樣捉襟見肘、不得志的生活，他整整捱了六年。到了一九九○年，他的生活可以說是到了山窮水盡，當時他在銀行的存款只剩下四十三美元，而小兒子又恰巧在此時出生，家中境況更是雪上加霜，走投無路的他將兩個劇本《推手》和《囍宴》投給臺灣新聞局主辦的優良劇本甄選，希望能碰碰運氣，結果，兩個劇本雙雙獲獎，得到了四十多萬的獎金，這個改變命運的一搏，使他得到中影公司製片部經理徐立功的賞識，兩人合作了第一部電影《推手》。

這部通俗、溫暖的影片上映後佳評如潮，獲得當年臺灣金馬獎最佳導演提名，最終抱回了最佳男主角、最佳女配角、評審團特別獎三項大獎，在票房上也創造了奇蹟。所有人都稱讚這個突然殺出的新秀導演，而此時的他已經三十七歲，他就是國際知名導演——李安。

與王建民同被譽為「臺灣之光」的李安，他的成功並非偶然，雖然曾經潦倒窮困，但是他始終堅持不放棄，在電影崗位上堅守了二十五年，他的執意堅決，最終使他成為一位揚名國際的導演。一手發掘他的製片徐立功回憶起與他相處的種種：「有一次，李安拉著我回家吃飯，進了李家門，才發覺他家竟然連餐桌都沒有，他靦腆地笑說：『全都借去拍片

了。』兩人只能坐在客廳椅子上，就著茶几吃滷雞翅。」事實上，就連第二天，李安帶著徐立功上街時，還不忘隨身帶著滷雞翅與三明治，因為他請不起徐立功上館子。

而繼《推手》之後，慢慢嶄露頭角的李安，在往後的作品《臥虎藏龍》、《斷背山》、《理性與感性》、《色‧戒》、《少年Pi的奇幻漂流》、《雙手殺手》等鉅作，均大放異彩並獲獎不斷，能有如此傲人的成績，「堅持」就是他成功的重要推手。

當比爾‧蓋茲在大學三年級時，清楚地知道自己想從事電腦這一行，他願意將自己的所有熱情都傾注於此，他也相信自己在這條道路上能成功。但同時，他也意識到，如果繼續就讀哈佛只會讓自己的精力分散，有可能兩條路都無法成功。因此，他選擇了輟學，抓準時機全力以赴地發展自己的IT事業。當然，這樣的決定在他人看來無疑是不明智的，甚至是瘋狂的。

但是，就是因為他清楚自己的專長和喜好，所以義無反顧地堅持下去，進而成就今日的微軟王國。

而以《哈利波特》系列小說迅速走紅全球的J.K.羅琳在哈佛大學的畢業典禮上說：「我知道自己最想做的事情就是寫小說，雖然我的父母說我的想像力只是一種個人怪癖而已。」因為羅琳認清了自己，她知道自己的長處和自己最感興趣的事情，憑藉著自己的努力與堅持，才有今日讓多數人都羨慕的成就。

無論是比爾‧蓋茲，還是J.K.羅琳，都是能夠客觀認識自己的人，他們知道自己喜歡什麼，擅長做什麼，從而給自己的職業生涯一個準確的地位，為自己爭取到令人矚目的成就。

當你瞭解了自己所愛，也知道自己想要的是什麼時，就盡全力去闖吧！

正如保羅・科爾賀（Paulo Coelho）所著的《牧羊少年奇幻之旅》裡說的：「當你真心渴望某樣東西時，整個宇宙都會聯合起來幫助你完成。」你知道的，沒有任何人能夠阻止你追夢，這個世界原本就屬於勇敢追求的人們。

堅持想法，不輕易受外界影響

世上沒有完人，更沒有最完美無缺的方法，你不可能做到讓每個人都滿意，既然如此，何不堅持你的想法呢？

有個畫家畫了一幅自己認為已經很完美的畫，為了知道自己的畫還有哪些不足之處，畫家決定把畫放在地鐵的走道旁展出。畫作的旁邊還放了一支筆，並附上一個牌子上面寫著：「每一位觀賞者，如果認為此畫作有欠佳之處，請在畫上做出記號。」

當晚，畫家前來取畫的時候，發現整張畫竟然都被塗滿記號，他看了非常不高興。

第二天，清洗了畫作上的記號之後，畫家決定換另一種方法嘗試。

他依然把畫放在地鐵的走道旁，但是改變了要求，他請觀賞者將自己最欣賞的地方做出記號。等當晚他再來取畫的時候，昨天被批評的地方竟然全部被畫上了讚賞的記號。

其實，畫家筆下的那幅畫作，就代表著我們的個性。

無論我們做了什麼，都會有人覺得不滿意，但其實我們只要讓一部分的人滿意就可以了，因為即便是在某些人眼中看來很棒的事物，在另外一

些人的眼裡卻可能是醜陋的。人生就是這樣，我們不可能做到讓每一個人都滿意，如果你總是違背自己的意願去逢迎他人，那麼只會讓人感覺到你的不真誠。

多數的成功人士都不會依賴他人的認可去判定是否追求自己的夢想，他們經常不顧輿論的壓力，堅定不移地照自己的想法實現人生藍圖。

比爾‧蓋茲不也是在眾人的不解中從哈佛毅然決然輟學，才最終成就了自己的微軟帝國嗎？

面對目標不妥協

一八七九年，一位偉人誕生，但由於他的母親難產，使得他發育遲緩，三歲多了還不會說話，父母憂心孩子是個啞巴，甚至還帶他去給醫生檢查，後來他總算開口了，但話卻說得像一、二歲牙牙學語的孩子一樣，很不流暢，而且每一句話都絞盡了腦汁才說出來，到了九歲入學時依舊如此。學校老師將他列為問題學生，說他：「智力低下，擾亂秩序」，同學們也不願意和他來往。老師在進行家庭訪問時，甚至不留情面地對他父親說：「你的兒子將來不會有出息！」聽到這句話，小男孩自卑到信心崩潰，而抗拒去上學。

父親為了導正兒子的觀念，特別帶他到郊外散步。父親途中指著兩棵樹問道：「你知道這兩棵樹的名字嗎？」他滿臉疑問地答：「不知道。」父親說：「高的是沙巴，矮的是冷杉，你認為哪一棵樹最有價值呢？」兒子道：「沙巴樹這麼高大雄偉，應該是它吧！」

父親說：「正好相反，雖然沙巴樹長得快，但木質疏鬆不結實；反觀冷杉雖然長得慢，但卻有紮實的基礎，木質堅硬，能賣得高價！而且，沙

巴樹只有初期長得快，過了三年，成長速度便逐漸緩慢下來，甚至高度不超過十公尺！不過冷杉卻堅持自定步伐，慢慢成長，最終成為參天大樹，還能活上幾萬年呢！」

兒子聽完後，頓時恍然大悟，他決定不再翹課，並學習冷杉堅持到底的精神。在一次工藝課裡，老師要大家做一張小板凳，其他同學輕輕鬆鬆、兩三下就完成了，唯獨他花費許多精力與時間才做出一張小板凳，儘管受到同學們的奚落，但他仍興高采烈地帶回家給父親看，父親讚賞他耐心與不放棄的態度。儘管小板凳的做工不是很精緻，但兒子鍥而不捨的精神，造就他往後偉大的成就，而這位小時不被看好的男孩是誰呢？他就是名揚全世界的科學巨人——愛因斯坦（Albert Einstein）。

因為愛因斯坦的堅持與執著心態，才得以在科學研究上創造出驚人成就。要得第一就唯有專注最終的目標。當你怨天尤人、自怨自艾時，有沒有想過自己努力了幾分、堅持了多久？

「十年寒窗無人問，一舉成名天下知」這個道理不只用在做學問，實則放諸四海皆準，成功之路往往滿佈荊棘，崎嶇難行，不論你多麼天賦異稟、智慧過人，也要持續地走完這條漫漫長路才能獲得吧！

柏拉圖曾說：「成功的唯一秘訣：堅持到最後一分鐘」。

放棄很簡單，堅持最難，我們總是在距離成功最近的時候選擇放棄，其實只要再堅持一下，就成功了。「持之以恆」對大多數人的難以落實，正是決定成功者鶴立雞群的關鍵。究竟如何鍛鍊持續力，降低目標阻力呢？請掌握以下原則：

❶ 分析怠惰環境

鍛鍊持續力的第一要務就是克服怠惰，這無非是陳腔濫調，然而這裡其實是要「找出阻礙持續的要素」。當我們決定實踐某個特定目標，往往會擬定完整計畫為目標鋪路，「堅持」與「怠惰」的拉扯，就是在實行這些計畫的過程中上演。這時，就要分析產生怠惰的整體環境元素，以便撰寫攻略逐一攻破。

❷ 善用身邊的監督力量

你是否發現身邊某些人做出某種重大的決定（如報名研究所、參與國家考試⋯⋯）等時，常常會採取祕密進行的低調作風？原因就在於，如果事先昭告天下，後來一旦發生變卦，就會覺得顏面盡失。沒錯！這種「愛面子」的人之常情，正可以成為持續力訓練的最佳養分。

隨時告訴身邊的人你決定要做什麼，甚至聚集一群與你有同樣目標的夥伴，讓這種免費又牢靠的監督力量，協助你不敢輕易放棄。

❸ 為自己找誘因

人生在世，身不由己的情況時而有之，我們不一定擁有發展天賦的資本，也偶爾會因為環境的限制，強制自己以某個「並不那麼渴望」的目標為目標，例如在公司衝業績、補救菜英文等等。這時，就要把目標妝點成一個迷人的窈窕淑女，讓自己從「必須」如此與「不得不」如此，變成「很想」如此與「渴望」如此。例如不要強迫自己去補習班填鴨式地惡補英文，找一齣好看的美國影集和劇本，邊聽劇中角色的台詞邊鍛鍊聽力，這種自發性的持續，一定比強制性的持續更能長期維繫。

「堅持」是成功的重要關鍵，不奮鬥到最後一刻，怎麼會知道自己的能量有多大，光芒有多燦爛呢？人的潛力是巨大的，只要不斷綻放自己的能量，最終將嚐到成功的碩果。

3

Kobe Bryant の「意志」

There is always a person want to win, that is why can't I!
~Kobe

總有一個人要贏的，那為什麼不能是我！

Kobe的意志力為何無人能比？

你知道嗎？他曾主動要求接受世界最強特種兵水刑的懲罰！水刑是一種極其殘忍的審訊方式，會讓被審訊者有一種瀕臨溺死的感覺。2009年9月，由於這種懲罰太過於殘忍，美國軍方迫於世界各國的壓力將水刑列入禁止條令，自此水刑也被「日內瓦公約」禁止。

據湖人訓練師加里・維蒂回憶，Kobe為了鍛鍊自己的意志力，要求美國海豹突擊隊對自己施以水刑。海豹突擊隊隊員按照Kobe的要求做了，Kobe當然也承受住水刑的考驗。所以我們看到賽場上任何困難和挫折能夠戰勝的曼巴精神。

許多成名的NBA球員，都過著紙醉金迷揮金如土的生活，但Kobe與大多數名噪一時的明星球員不同，他從沒有參加過那些聚會、派對。

Shaquille O'Neal這樣說：「Kobe是個瘋子，他的意志力和專注度比我強太多了；我一年要參加三十個派對，Kobe一個都不參加；當我凌晨二、三點結束派對要回家時，Kobe和他的訓練師已經起床開始準備訓練，他的職業態度實在太過瘋狂。」

Kobe 在意志力方面的確異於常人，除了連詹皇都效仿的凌晨四點起

床練球之外，即使在賽場上手指嚴重脫臼，也是趁暫停時間自己把手指凹回來再繼續回到場上，連2013年他阿基里斯腱受傷時，更堅持自己罰完球才下場治療，就有專家指出要是一般人早就痛到無法走動了，何況還是投完籃自己走下場。

俗話說：「天才是1%的天賦加上99%的努力。」Kobe Bryant 付出的努力可能早就超過100%，才能有今天這樣的成就吧！

Kobe Bryant曾說過：「你看過凌晨四點的洛杉磯嗎？若沒有，那你不配奪冠！」這句話成為他籃壇傳奇中名言之一。對於籃球，他貢獻了所有，背號24，表示一天24小時都要獻給籃球，在他二十年的職業生涯裡，每天都會在凌晨四點起床練球，等到八點的表定練習時間，再與隊友一起練球到中午，甚至下午還會自己再加練，迄今沒有一位NBA球員有他這般瘋狂。

成功，來自99%的意念

Kobe說：「說最重要的是，你必須讓身邊每一個人知道你是玩真的。我不是一個只是在這裡來來去去的球員，我不是一個只會入選全明星賽一兩次而已的球員，我來這裡，是要成為一個能夠跨時代的偉大球星，一旦我做了承諾，說『我想成為有史以來最偉大的』，那麼這場比賽就成為了我的一切。」（The most important thing is you must put everybody on notice that you're here and you are for real. I'm not a player that is just going to come and go. I'm not a player that is going to make an All-Star team one time, two times. I'm here to be an all-time great. Once I made that commitment and said, 'I want to be one of the greatest ever', then the game became everything for me.）

　　建築師貝聿銘曾說：「做事情最重要的是維持十足的信心，必須相信自己，把各種非議和懷疑拋諸腦後」。

　　你的信念左右成敗。萊特兄弟發明第一架可載人的動力飛行器，就是毫不懷疑地肯定人類在天空中飛行的可能，並在腦海中想像出人類翱翔藍天的畫面。「心之所向」就是他們成功的法則，因為萊特兄弟從不認為這是無法實現的「空想」，而是肯定會成真的「理想」。因此，他們才能創造出舉世矚目的發明，實現自己、甚至是全人類從未想過的夢想。

　　強大的信念是當你遇到挫折時、當你遭遇失敗時、當你碰到困難時，仍然能夠支撐你挺過去的力量來源。成功者從不記掛著失敗，他們會隨時將負面的意念排除在外，只容納積極可行的思維與正面的能量，讓這項堅定的意念鼓舞心智，驅策不斷前進的行動力。

　　Kobe生涯每場明星賽都在傳達一個意志：「我不是來玩的，要打就要拿第一。」榮獲世界射箭金牌的美國選手瑞克・麥金尼（Rick Mckinney）也說過：「勝利者與失敗者的區別就在於，前者總是想著答案的部分，後者則總是想著問題的部分。」當然，根據「心之所向」的定律，你越執著於問題的困難度，無形中它將在你的意識裡下達「很難解決」的命令，進而使你喪失解決危機的信心；反之，如果你想著答案的可行性，你會發現問題相當簡單，最終肯定能迎刃而解！

　　現在，請你仔細審視自己的想法，是否會發現諸如「好煩」、「真倒楣」等負面的話語，曾經多次出現在你的心中呢？這就是你與成功擦肩而過的關鍵。

「心之所向」原則

　　精神分析學的創始人西格蒙德‧佛洛伊德（Sigmund Freud）透過研究人類的心理發展，在「潛意識」與「三個我」理論中，將人格結構比喻為一座在水裡的大冰山，上層浮出水面的部分較少，代表「意識層次」，包括「自我」（現實我）與「超我」（道德我）；大部分隱藏於水面下的，即屬於「潛意識層次」，而「本我」（生物我）就在其中。簡言之，假設某人去參加電影試鏡選角，即是自我的運作，以滿足受人矚目的潛在慾望（本我）。進一步推論到「心之所向」的規則，也就證明人們可藉由心中的意念支配行動，甚至影響周遭事物。

　　美國的拉爾夫‧福特也說過：「成功，是內心的造就。」早在一九五〇年代，美國華盛頓大學曾進行一項拔蛀牙的實驗，研究員將受測者分為兩組，一組施打嗎啡；另一組則施打不具任何麻醉效果的安慰劑（但卻跟受測者說這是麻醉藥）。結果顯示，施打安慰劑的人約有七成相信麻醉發揮藥效，能有效止痛。再進一步研究得知，受測者腦內會自行合成出一百七十倍的麻醉效果，將受測者堅信的意念轉為成真，這就是著名的「安慰劑效應」（Placebo effect）。透過大腦確切描繪未來的意象，可連帶影響自律神經的活動，因而在現實生活中完成。由此可知，人類心理對生理的影響超乎我們的想像，除了能影響我們的思維，甚至未來的成功也可透過心理因素實現。

　　日本大阪的某加油站位於小鎮外的馬路旁邊。有一位陌生人開車來到這個小鎮，途經加油站加油。他詢問加油站的老闆：「這位老先生，請問這是什麼城鎮？住在這裡的是哪種類型的居民？我已離開了我原本居住的小鎮，打算搬來這裡居住。」

加油站的老闆看了一下陌生人，然後回答：「你離開的小鎮上的居民，又是哪一類型的人呢？」陌生人說：「他們都是一些不三不四的人，在那裡沒有什麼快樂可言，所以我才打算搬來這裡住。」

加油站的老闆回答：「先生，恐怕你要失望了，因為我們鎮上的人也跟他們完全一樣。」

不久之後，又有另一位陌生人來到這個加油站，並且向加油站的老闆詢問同樣的問題：「這是哪一種類型的城鎮呢？住在這裡的是哪一種人呢？我們正在尋找一個城鎮定居下來呢！」

加油站的老闆又問他們同樣的問題，結果這位陌生人回答：「喔！住在那裡的人都是非常好的人。我太太和孩子在那裡度過了一段美好的時光，但我想尋找一個比我以前居住的地方更有發展機會的小鎮。雖然很不願離開，但為了尋找更好的發展前途，我們只好離開了。」

加油站的老闆說：「年輕人，你很幸運。居住在這裡的人都是跟你們小鎮完全相同的人，你將會喜歡他們，而他們也會喜歡你的。」

「心之所向」就代表你心中想法的體現。如果我們心裡充滿負面、消極的思想，那麼，我們就會遇到壞人或不好的事；如果我們心存正面、積極的想法，那麼，我們走到哪裡遇見的都是貴人，走到哪裡也都將一帆風順。

藉由信念達到目標的三步驟

金馬獎影后周迅十八歲時，就讀於浙江藝術學校，在這個無憂無慮的年紀，她也和其他同學一樣成天唱歌、練舞，偶爾接拍幾部電視劇的小角色，就會興奮不已，絲毫未曾想過自己未來會成為什麼樣的人。

然而，有一天，老師突然問她：「妳未來的規劃是什麼呢？」

周迅當下腦中一片空白，因為她從未想過這個問題，面對老師正經嚴肅的神情，周迅一句話也答不出來。

接著，老師繼續問：「妳滿意現在的生活嗎？」她默默地搖頭，還是不吭一聲。這時，她的老師才展現笑顏：「妳的答案證明妳還有進步的空間，妳想像一下，十年後的妳會變成什麼樣子呢？」

雖然這句話看似輕描淡寫，卻給周迅一股巨大且無形的壓力，她開始在心中描繪著自己十年後的樣子。這段沉默持續了一陣子，她突然眼睛一亮，神采奕奕並堅定地說：「十年後的我將是最棒的演員，並能發行一張自己的個人專輯。」

老師問她：「妳確定這個目標了嗎？」

她自信地點點頭，並大聲說：「是的！」

畢業之後，她開始積極接拍各種電視劇，她始終記得十年後的自己要成為一位頂尖的演員，並發行一張個人專輯，而她也堅信這個理想終將實現。後來對於角色選擇，她不再是照單全收，而是開始審慎選擇。在她演出《大明宮詞》後，漸漸展開知名度，人們對她的演技大加讚賞，而周迅也慢慢品嚐到成功之果。

二〇〇三年，周迅發行了第一張她的個人專輯——《夏天》，而這一年正好是她與老師聊完後的十週年；其後並陸續發行專輯《偶遇》、《伴侶》、《看看》與《窗外》等多張單曲。二〇〇九年，她又憑《李米的猜想》榮獲中國最高電影殊榮「金雞獎」的影后寶座。對照現今的成就，周迅確實完成自己的目標與理想，並感謝老師及時提點她，而她自始至終也從未懷疑過當初所訂下的理想，在堅定的意念下，腦海中浮現自己成為鎂

光燈的焦點，風光地走在星光大道上，影迷們紛紛尖叫歡呼的景象；儘管當時她還只是個默默無名的小配角，但她喜悅的心情卻不時出現在臉上，彷彿自己已經達到目標（接收「產品」的喜悅）。憑藉著她「心之所向」的堅定信念，逐步完成十年後的自己，最後風光摘下后冠，朝著更高的目標邁進。

究竟要如何運用心中的信念來達到目標、體現成功呢？以下列舉三個簡單的步驟：

① 對自己「下訂單」

就如同購買生活必需品一樣，你只要在心中下達指令，將你所希望達成的目標，確切地想像出來，並且要心無雜念，不能心猿意馬，意志不堅。就好比你想要一棟房子，就要在心中確切描繪其外觀、內部裝潢、所在位置，對自己的大腦「下訂單」，使其接收這項堅定的訊息。

② 堅信「產品」已經到手

換句話說，也就是「告訴自己已經擁有它」。因為個人的行為、思想和語言皆會影響心中的意念，它就如同鏡子般，你做出什麼動作，鏡子裡的你也會跟著做，彼此會持續地相互影響。顧里（C. Cooley）主張「鏡像自我」（looking-glass self）理論，認為個人從與他人的互動中發展出自我概念。換言之，個人的心理思維也將影響周遭現實生活的呈現。因此，堅定自己的目標與意志，相信自己所訂的「產品」已經到手，目標就會離你越來越近。

③ 接收「產品」的喜悅

　　每個人只要達到自己的目標、完成夢想，一定都會雀躍不已。也就是說，當你心中有了某種目標，並確信自己已經擁有時，你只要將喜悅的情緒在心中蔓延開來，讓這個意念化為快樂的感覺，並去體會、感受它，讓大腦認為你真的在享受這件事所帶給你的愉悅情緒。你將會發現，成功其實正被你吸引著，並一步步自動地走向你。

　　在你心中確切描繪的具體景象，要相信願景的真實性，堅信自己已經得到，人生在不知不覺中，就會發生變化。盧梭（Rousseau）曾說：「成功的祕訣，在永不改變既定的目的。」意味著個人的正面思維，將驅使其向前的行動力，完成理想中的目標。

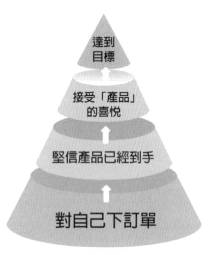

達到
目標

接受「產品」
的喜悅

堅信產品已經到手

對自己下訂單

「心之所向」的體現

實踐「Try，Do，Now」三部曲

　　《荀子·勸學篇》曾提到：「鍥而舍之，朽木不折；鍥而不舍，金石可鏤。」相當於拿破崙·希爾所說的「Try，Do，Now」三部曲，意即多方嘗試，貫徹執行力，立即去做。

　　當你有了想要達到的目標或是想法時，順著「Try，Do，Now」即刻行動，堅持不懈，反覆循環。朝著目標，努力去做終會有達成的那一天。

　　能改變自己命運的只有你自己。想減重，就每天堅持鍛鍊，總有一天馬甲線都會代替肥肥的贅肉。別人實現了你所幻想的奇跡，不過是因為別

人付出了比你更多的努力和行動，把對的事情天天做，奇跡自然會出現。

有位女孩很胖，因為胖而飽受旁人無盡的嘲笑和欺負。她的奶奶安慰她說：村後方的山上有口枯井，她聽村人說過一個傳說，若是能用水把枯井填滿，就能看到山神，可以對山神許下一個心願。女孩聽了之後，收起淚水與沮喪，馬上找到兩個空木桶，走向村後方的山上，堅定地開始一遍遍挑水的路程。從此不管別人如何嘲笑，天天不間斷，風雨無阻。終於到了枯井被水填滿的那一天，她開心地大喊：「山神你在哪裡啊？」然而空蕩蕩的山上，只有她一個人的身影。原來是個不可信的傳說，女孩失望極了，就在她低頭的瞬間，她看到井水中倒映出的苗條身影。原來在一次次的挑水行動中，女孩早已經瘦了而不自知。從她決定行動，決定改變的時候，她就離苗條的自己不遠了。

古今中外許多偉人成功的因素便來自於「堅持」，像夏朝的建立者禹，花了十三年才完成了浩大的治水工程；春秋戰國時代的管仲，打過三次的敗仗、三次的計謀策劃失敗，甚至成了階下囚，但他不放棄自身理想，最終為齊桓公成就了霸業；美國的威爾伯·萊特（Wilbur Wright）和奧維爾·萊特（Orville Wright）兄弟，經過了一千多次的試飛及不斷修正錯誤數據，才成功發明飛機。即使到了現代，奧運跆拳女將蘇麗文倒下十一次仍然勇敢堅持起身奮戰；香港宜諾管理顧問集團董事王邵人，毅然辭去凱薩飯店總經理一職，在籌備創立新旅館之前，整整八個月沒班可上，但他仍堅持每天穿西裝、打領帶，到咖啡廳撰寫創業企劃；網路小說多產名家「九把刀」柯景騰，即使在研究所考試期間、一個月賺不到一萬塊的事業低谷，也堅持每天寫足五千字！

趨勢作家葛拉·威爾（Malcolm Gladwell）曾提出「成功的一萬小

時定律」，表達的觀點就是：天才之所以卓越非凡，並非天資超人一等，而是付出了持續不斷的努力。一萬小時的錘煉是任何人從平凡變成世界級大師的必要條件。他歸納每一個成功的人，包括比爾‧蓋茲、音樂神童莫札特、搖滾天王披頭四，都是堅持了十年而來。這十年間，他們每天都格外努力三小時，三乘三百六十五乘十，一萬個小時之後，才有後來斐然的成果！我們做任何一件事，只要重複做10000小時，你就能在這件事上取得輝煌的成就。不是有句話說，你的時間花費在哪裡，你的成就就在哪裡。

事實上，孕育萬物的大自然亦處處蘊含著這個道理。蘇格蘭國王普魯士（Robert Bruce）在與英軍抗戰時，連續六次都戰敗，後來他逃進了山洞裡，發現洞口有隻蜘蛛正在結網，每當蜘蛛要結好網的時候，就有一陣風把網吹破，但是蜘蛛一點都不灰心，在無數次的努力之下，蜘蛛終於成功結網。普魯士因而獲得了啟發，決定重新召集軍隊，繼續和英軍對戰，終於在第七次打敗了英軍，收復了被強占的蘇格蘭。

又如，蝸牛是一種軟體動物，牠爬行的速度非常緩慢，要牠從樹幹底部爬上枝頭，更是困難重重，因此時常能見到蝸牛爬上去又滑下來，滑下來了又再爬上去，如此一波三折、循環反覆。然而，仔細觀察，你會發現一夜過後，牠就真的爬到樹幹的頂端了！

在一座古老的寺廟內，有一名年輕的和尚在修行。他整日盤腿坐禪，雙手合一，口中默念：「阿彌陀佛、阿彌陀佛、阿彌陀佛……」日復一日，希望自己能夠成佛。禪師見狀，就拿出一塊石頭，不停地磨著石頭的表面。小和尚看到禪師如此磨石頭，覺得奇怪，就問：「大師，你每天磨這塊石頭，到底是要做什麼呢？」禪師回答：「我要用這塊石頭做鏡

子。」小和尚說：「大師，石頭是不能做鏡子的啊。」禪師回答：「是啊，像你整天只唸阿彌陀佛，也是成不了佛的。」

即使夢想本身可行度高，又有各方面環境條件的配合，但卻缺乏實際的行動，例如：決定存錢，卻花錢如流水，老是當月光族；想早起朗讀英語，但每天仍然睡到太陽曬屁股；想戒菸戒酒，卻仍然菸酒不離身……，那麼夢想依舊只會是夢想。

台積電執行長蔡力行對吸引力法則的體會是：「我相信心想事成，你要有願望，然後不斷經歷Trial and Error（嘗試與錯誤），就會得到果實。」任何希望、任何夢想、任何計畫，最終都要落實到行動之上。只有行動，才能縮短你與目標之間的距離，進而把它變成現實。拿破崙·希爾說：「凡是內心想像得到的，都是可以達到的。」現在，就把你的目標寫下，從

意念的蓄積為起始，調整意念、檢視意念、控制意念，進而調整、檢視與控制吸附而來的助力，搭配有效的實踐行動，透過對吸引力法則的完善運用，成為下一位見證思想力量的代言人！

「成功，是上天留給堅持到最後的人的最後禮物。」林書豪就是最棒的例子，一直坐冷板凳的他，並沒有放棄他對籃球的熱愛，他相信只要努力地前進、從不懈怠地反覆練習，不斷累積自己的實力，並耐心等待，當上帝知道他準備好了，只給了他一次「上場機會」，而林書豪也抓緊了機會，拚命表現，充分發揮實力，向世界證明他是可以的。

美國教育部長鄧肯（Arne Duncan）和林書豪是不同年代哈佛校隊的主力球員，自林書豪在哈佛校隊打球開始，他就一直持續關注林書豪的球

賽，對於林書豪的爆紅，他曾對媒體表示：「林書豪並非一夕成名，他過去就表現得十分優異，並且已準備多時，只是苦無上場表現的機會。種族確實是影響林書豪早期籃球生涯發展的主因，一般人普遍對他沒有期待，以刻板印象來判斷他，這是導致林書豪過去不被青睞也被球團低估的重要原因。」

以上種種例證在在說明了鍥而不捨、持之以恆的重要性，只要抱持著不放棄的意志，再嚴重的挫敗，也能克服；再困難的事務，也能解決；再縹緲的夢想，也能實現。

「臺灣之光」王建民回想自己從小聯盟一路拚戰到大聯盟的情景時說：「我就是靠著不斷地努力，以及堅持到底的決心，才有今天的成就。」實際上，每個成功的背後都隱藏著堅持不懈的艱苦歷程，以及「永不放棄」的強烈意志。

「跌倒→爬起」的「小強精神」

「堅持下去！」並不是一句口號，而是能令失敗者扭轉命運的推手，看著一路順遂的成功人士，我們往往會忽略這項特質；而當這位成功人士曾經因深陷失敗而相當悽慘，事後往往能成為激勵人心的故事，帶給他人自信與勇氣。林書豪對籃球的堅持，也不僅是熱忱兩字能一筆帶過，過程中「跌倒→爬起」的反覆過程，更是他今日強大的營養劑。

同樣身為運動員，獲封「神的左手」美譽的大聯盟投手郭泓志也是因為堅持住追求理想的心，才重回榮耀的投手丘。他不僅是球速全球前五快的稀有左投手，並且十八歲就被美國道奇隊相中，成為臺灣最年輕赴美的職棒投手。然而，就在掌聲與歡呼之中，一顆轟天裂地的隕石，卻撞進了

他即將啟程的明星生涯。

2000年，郭泓志首次在小聯盟出賽，在先發三局之中，便七度三振對手，當時現場情緒激昂，正當他享受著全場為自己瘋狂的榮耀時，忽然左手傳來一陣劇痛——韌帶斷了！一名球員視之如命的手部韌帶斷了！

他在洛杉磯Centinela綜合醫院接受了手術，接受了這個重建命運的洗禮，他不曉得睜開眼之後的自己，能否再回到過去意氣風發的時代。手術過後，他花了一年的時間復健，所有球場活動全數停擺。過去以驚人球速技壓棒球界的他，在復健過後投出的第一球，竟然只投出了「一個人」的寬度！

二十一歲那年，郭泓志不顧尚未完全復原的身體，勉強代表中華隊出賽，卻連續投出兩個四壞球保送，讓南韓以一分得勝。曾經是萬人簇擁的焦點，這時他卻成為全國砲轟的靶心，頓時從高臺墜入低谷，加上父親過世的噩耗，讓他更堅定了要重新奮起的鬥志，積極地進出醫院進行重建和復健。

2005年，在他不懈的自我鍛鍊之後，他終於成為道奇隊一軍擴編名單榜上有名的人物，並成為臺灣第四位登上大聯盟的出色球員，並得到K-ockroach（三振蟑螂）的封號，象徵他屢敗屢戰，怎麼也打不死的「小強精神」。

由威爾・史密斯（Will Smith）父子主演的電影《當幸福來敲門》（The Pursuit of Happiness），是講一個辛苦的父親如何努力兼顧帶孩子與自己的事業，從窮鬼翻身到華爾街證券之王的真實故事，片中的父親猶如衰神附身，在職場上不斷受挫，種種煎熬讓人不禁鼻酸，但為了兒子，他告誡自己不能被打敗，更不能放棄，他相信只要全心貫注地勇敢向

前，各種挫敗都是成功的養分。最後，他真的走到夢想的終點，達成了他想贈予兒子的幸福目標。

一個絕境就是一次的挑戰、一次的機遇。只要再多堅持一下，成功就在你的腳邊，只要再多努力一點，目標就離你不遠。持之以恆地挑戰挫折，永不放棄的堅定心態，總有一天，你會從V型人生的低谷，攀爬到陽光普照的頂峰。

4 Kobe Bryant の「嚴厲」

Relentless

If I feel something is wrong, I will stay in that constantly training, until I do it right. ~Kobe

如果我感覺一些東西不對，我會待在那裡不停地訓練，直到我做到對為止。

Kobe Bryant嚴於律己，也嚴於律人。他對於自己的一切絕對是非常自律和嚴厲的，Kobe對於自主訓練的嚴厲，以及身體狀態的自我要求，都是NBA中的極端。他之所以能有在場上叱吒風雲的表現，背後是長時間的投籃、腳步、重訓等魔鬼訓練的累積，即使在沒有例行訓練的日子，Kobe也不願休息，會拉著隊友一起練球。當球隊缺少禁區的攻防武器，Kobe就把自己練出一身肌肉，屢屢上演大前鋒級的禁區封阻。球隊缺少得分，他就開啟瘋狂砍分機制，單場81分、連續四場50+得分、三節62分、單場12記三分球，總之球隊缺什麼Kobe就補強什麼，只要球隊需要他的地方，就會盡全力把它完成，凡是想到可以鍛鍊精進的弱點，他就會拼命訓練把它補足。傳達出一種「儘管再壓迫自己，要做就要做到最好」的人生態度。

有許多球員都比 Kobe 來得有天賦，但為什麼他還能這麼成功呢？原因在於 Kobe比別人更努力訓練，當中場休息期間，其他球員可能會滑手機，觀看推特上的消息，而Kobe會在訓練室用筆電觀看了上半場比賽的影片，看他如何能在下半場做得更好。在他的字典裡並沒有「不會」或「不能」這種詞，他相信他沒有做不到的事。他以自己是練習最認真，花

113

費最多努力與犧牲的球員自豪。他高標準的自我要求,也激勵其他隊友的危機意識而跟著更努力、繃緊神經。曾經的隊友Metta World Peace慈世平(Ron Artest)曾說:「當我早上6點45分到體育館準備訓練時,發現黑曼巴五點半就到了。」Kobe的嚴以律己,是他能夠強大近二十年之久的最大核心素質。

Kobe在他親筆寫的退休信裡說——因為熱愛,所以堅持,因為堅持,所以成就。也就是對於球技的嚴格標準,對於練習的數十年如一日,Kobe才能成為聯盟最致命的進攻傳奇。

想當最傑出的人,就得當自己最嚴厲的批評者,無所畏懼不一定是好事,而過度自信也不是好事,厄運可能因此臨頭。人生最好還是要有一點小小的不確定感。前述這些都是自信的壞處,過度自信會讓人無視於現實,還擺出惹人厭的態度。如果可以對自己狠一點,你就離成功近一點,首先要先自律,什麼是自律?自律就是一個人控制自己思想感情和舉止行為的能力。人之所以不同於動物,最關鍵的一點就是人擁有自律能力。

策略性自我管理與自我激勵

Kobe Bryant說:「即使會被眾人當成惡棍,你還會做對的決定嗎?……我寧願被認為是一個贏家而非一個好隊友。我希望能同時兼顧兩者,但是這是不切實際的……我和那些懶惰的人,那些只會將自己沒有成功的原因怪罪於他人的人,並沒有任何共同點。」(Are you willing to push the right buttons even if it means being perceived as the villain? ... I'd rather be perceived as a winner than a good teammate. I wish they both went hand in hand all the time but that's just not reality. ... I have nothing in common with lazy people who blame others for their lack of success.）

　　香港首富李嘉誠曾說：「自我管理是培養理性力量的基本性格，是人把知識和經驗轉變為能力的催化劑。」成功人士往往更善於管理與運用自身能力，並從外界汲取可用的資訊與資源；此外，當他們處於情緒或工作的低潮時，他們比其他人更善於控制情緒低谷，依然能維持專業水平。

　　擁有條理分明、自我管理的性格包含兩大方面，一個是對自己本身的管理，另一個是對自己如何獲得外界資訊與資源的管理。以下是自我管理的七項準則：

➊ 個人心態的管理

　　根據心理學家研究，影響一個人成功與否的關鍵因素之一是處事態度。因此吾人應該使自己的心態維持在最佳狀態，時時令自己保持積極正向的態度，才能在這個基礎上，理性地管理其他各個層面。

➋ 個人形象的管理

　　注意個人的外在形象（當然，同時保持發自內心的微笑），不僅是為了外表的美觀，還體現了個人的精神面貌和內在修養，以及舉止言詞方面的禮儀等，這些都直接地影響人際交往與談判溝通方面的表現。

③ 個人學習的管理

這裡指的「學習」不是狹義地從書本上學習，而是在生活中、工作中各式各樣的學習。受到環境、經歷等的影響，每個人的學習都會有一套固定模式，這時便需要突破僵化思維，塑造更具效率的思維模式，以便因應網路時代的資訊洪流。

④ 個人時間的管理

在現代社會，時間管理意味著掌控效率，掌控效率則左右著成功與否與其速度快慢。有效利用時間不僅能夠合理分配工作和休閒，而且還能替時間增值，在相同的時間裡創造出更多的價值。

⑤ 人際交往的管理

發明大王愛迪生（Thomas Edison）說：「天才是百分之一的靈感，加上百分之九十九的汗水」，但如今已被「成功等於百分之三十的知識，加上百分之七十的人脈」取代，可見人脈的有無對成敗至關重要，因此要格外注重人脈的經營、公關能力與技巧的培養。

⑥ 個人目標的管理

先樹立「目標會不斷變動」的觀點，認知到實現目標只是這一階段的成功，每個階段都會產生新的目標，設定目標是為了指引我們奮鬥的方向，成功便是「不斷提出新目標和不斷實現舊目標的過程」。擬定適切而可行的目標，就是目標管理的精髓。

⑦ 個人行為的管理

　　法律和道德是規範人們行為的大原則，而法律又是道德的最後一道防線，在這兩者之間，還有許多「潛規則」影響著人們的行為。處在不同的角色定位，就要履行不同的義務。當在工作的時候，就要鞠躬盡瘁、恪盡職守；在工作之外，也要對親友以誠相待、相互扶持。

　　以上羅列的自我管理細分類別，僅僅是生活和工作中最基本的自我管理，其目的是為了優化自己的整體優勢，從而使自己更上層樓。面對日漸激烈的社會競爭，完善自己無疑是在為能力「充電」，在廝殺戰場中佔領一席之地。自我管理必須是一個將自我客體化（objectify）的過程，因此

自我管理七角形

不能只是籠統地提醒自己要注重心態、注重形象云云。繪製一大幅自我管理七角形，在每個分區中填入自己再度細分的類項，例如在個人行為項下可列出：上班不摸魚、逛網站、不濫用公共物品、積極主動等自我期許，並依完成度逐一將之著色，如此一來，自我提升的程度將一目了然。

　　要達到完善的自我管理，就需要有無窮的動力來促使自身不斷努力，這便有賴於自我激勵的作用。

　　自我激勵，簡單來說就是激發自己的鬥志，進而產生內在的行為動力，回升情緒低潮。在通常情況下，一個人的能力或潛力只被運用了百分之二十到三十，而在受到激勵的作用後，其能力的使用程度可以達到百分

之七十至八十，甚至更多。一個自卑的人需要自我激勵，身處險境或工作低潮的人也需要自我激勵，在千鈞一髮的關鍵時刻更需要自我激勵，自我激勵不僅表現在精神上，也表現在物質之上。適度拿捏自我激勵的技巧，就能開發存而未用的成功潛能，把潛能使用數值提升到極限。自我激勵的六項要素如下：

① 目標激勵

　　設定恰當的目標，作為行動的指南，讓對目標完成的憧憬，使自己充盈滿腔熱血，指引自己不斷朝著目標前進。

② 競爭激勵

　　積極和他人進行良性的比較與競爭，這樣才能更客觀地對自己進行「SWOT分析」，進而汰弱補強，日復一日臻至完美。

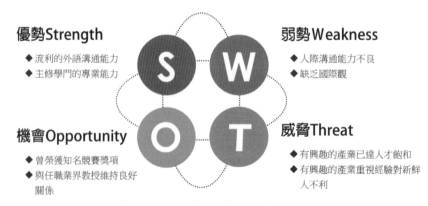

優勢Strength
◆ 流利的外語溝通能力
◆ 主修學門的專業能力

弱勢Weakness
◆ 人際溝通能力不良
◆ 缺乏國際觀

機會Opportunity
◆ 曾榮獲知名競賽獎項
◆ 與任職業界教授維持良好關係

威脅Threat
◆ 有興趣的產業已達人才飽和
◆ 有興趣的產業重視經驗對新鮮人不利

範例：就業能力SWOT分析

③ 角色激勵

每個人處在不同的角色定位，就應當履行相應的義務，做出相應的付出。老師的角色是教育學生，因此在學生面前老師就要為人師表；經理的角色是領導公司發展壯大，因此經理在處理公司事務時，一切都要以公司的利益為出發點，以角色義務作為自我激勵的軸心，即所謂「君君，臣臣，父父，子子」是也。

④ 自我暗示

自我暗示是建立在認識自我的基礎上，透過積極的內在交談建立自信，達到激勵自己的目的。

⑤ 困難激勵

當一個人面臨逆境，會比在安逸的狀態中更有危機意識。危機意識的存在會使人產生高度警惕，鞭策自己時刻做好準備。

⑥ 犯錯激勵

很多人都認為「犯錯」是很羞恥的行為，殊不知「犯錯」也是一種學習途徑，更是一種激勵方式。當你因犯錯而受到內心譴責甚至實質懲處，那麼你就會積極激勵自己吸取經驗，不再重蹈覆轍。自我激勵能把自己的心緒控制在平衡狀態，創造出源源不斷的動力。英國著名作家薩克萊（Thackeray）曾說過：「生活是一面鏡子，你對它笑，它就對你笑；你對它哭，它也對你哭」，現在套用在自我激勵層面，我們可以這樣說：「你認為自己行，那你一定行；你認為自己不行，那麼你就真的不行。」

看過電腦裡的音量控制系統嗎？我們通常會依據自己對於音訊大小的需求而不斷調配各軸的高低。同樣地：我們可以為自己繪製一張「激勵控制系統」，把上述六點一一列出，並且依自己各個階段不同的狀態，調配各種類型的激勵模式，例如某段時間情緒比較脆弱，就可以將「困難激勵」的調幅拉低；又例如某段期間進入競爭激烈的環境，就將「競爭激勵」的調幅拉高。如此不斷地自我微觀調控，就能找出最適合自己的激勵比例。

如何做到嚴以律己

成功或者失敗，優秀或者平庸，很大程度上就取決於你是否能夠做到自律，如果你能對自己狠一點，努力做到自律，那麼，你離成功和優秀就不會太遠。

要確實做到「嚴以律己」卻是件不容易的事，因為道理用來要求別人是非常容易，但卻很少人能用來反省自己並做到身體力行。

以下是自律的八大步驟，如果八個步驟你都可以完成，恭喜你，你就是一個對自己非常有自律的成功者，做任何事業成功的機會會比其他人來得高。

① 自律的第一步是自省

古希臘諺語說：「人啊，你要認識你自己」，不能及時自我反省，無法認識並嚴格要求自己，是自律力不強的主要表現，最終將會嚴重限制自我發展。「金無足赤，人無完人」，常常反省自己，看清自己的優缺點，取長補短，才能不斷提高自我。

②　目標是自律的基礎

　　目標是一種期望成就事業的決心，是對成功的一種渴望。自律的主要表現之一是：當你制定一個目標後，你會矢志不移地朝著目標前進。所以，人要樹立自己的目標，更要以強大自律作為實現目標的依靠，不受其他任何事物影響，朝著既定目標不斷前行。

③　時間是自律的「歲月神偷」

　　時間總的來說是無限的，但對每個人卻是有限的，一天二十四小時，沒有人會多一分鐘或少一分鐘。在成功者眼裡，時間是一種比金錢更有價值的東西，他們珍惜和重視時間，嚴格自律，不斷要求自己在有限的時間裡做好重要的事情，不會讓時間這個「歲月神偷」偷走自己的自律。

④　行動是自律的保障

　　人是有惰性的，這一點不可否認。如果沒有環境的逼迫，相信大多數人都會安於現狀而懶於行動。所以，勤於行動，正是自律的必要保證。生活中，請千萬不要縱容自己，對自己狠一點，逼迫自己行動起來。時間長了，自律就成為一種生活習慣，你的能力和智識也會因此得到提升。

⑤　規範你的言行舉止

　　謹言慎行是自律的一大核心，這一點古代聖賢早有明示。你的言行舉止並非只是事關自己，它也足以影響身邊的每一個人，影響他們對你的看法。因此，你要有意識地規範自己的言行舉止，言行有度，舉止合宜。

⑥ 別被情緒綁架

生活中，我們必然要接觸各式各樣的人，處理各種大小事，這個過程中，有順心的，自然也有不順心的。如果一個人缺乏自律，放任情緒，那他就永遠是情緒的奴隸，極可能因小失大，鑄成大錯。因此，要做到自律，我們就必須管理好自己的情緒，做情緒的主人，進而掌控命運。

⑦ 自律離不開對好習慣的堅持

好習慣會使人受益終身，但前提是你能長期自律，將好習慣堅持下去。與此同時，要做到自律，也離不開培養好習慣、堅持好習慣。培養好習慣，訓練自己的自律能力，你必然會受益匪淺。

⑧ 戰勝想要放縱的念頭

只要是人，就總會有感覺疲憊、想要放縱一下的時候，但自律的人卻能依靠強大的精神力戰勝這種念頭，能夠為了自己所珍視的東西拒絕誘惑，始終保持一顆強大而豐富的內心。

人稱布衣宰相的范純仁，常告誡他的兒子說：「即使是最愚笨的人，當他在責備別人的時候，卻是清清楚楚；一個極為聰明的人，寬恕自己的時候，卻是迷迷糊糊。反過來說，一個人如果能用責備別人的心來責備自己，用原諒自己的心來原諒別人，就不怕達不到聖賢的地位。」

關鍵就在於以責人之心責己，恕己之心恕人，眼中所見別人的問題，正好可以用來提醒自己不要重蹈覆轍，就容易進步；同樣地，把原諒自己的心拿來原諒別人，便擁有了成功者基本的涵養和素質。所以遇到任何矛

盾，要先檢討的永遠是自己，不要用責罵他人的方式來掩飾。以下濃縮了古今中外成功人士待人處世的「四少法則」供讀者參考：

① 少問多做

換言之，就是不談任務有多困難，而要問自己該如何去實踐目標、完成目標。長期下來，便能明顯感覺出自己進步許多。

② 少說多聽

意即可以聽的時候，絕對不要開口講話，藉此學習他人如何掌握說話的重點與邏輯，長期下來，自然就能把握到只講重點的精髓。

③ 少我多你

意即隨時考慮到他人的立場，不要單從自身角度來解讀他人。時間一久，自然能培養出有容乃大的雅量。

④ 少會多讀

意即經常把自己的心態「歸零」，重新開始，回到什麼都不懂時的謙卑，虛心學習並時常閱讀，自然能像嶄新的空杯般，容納更多豐富的內涵。

華南控股有限公司主席兼董事馬介璋曾說：「人生最大的挑戰是自己。嚴以律己，寬以待人，廣結善緣，一定能達致成功之路。」沒錯！成功之道無他：嚴以律己，寬以待人，廣結善緣──十二字而已矣！

面對自己的不完美

每天淘汰你自己，是眾多古聖先賢都論之再論的妙言要道。鋼鐵大王卡內基也說過：「成功者要有自省的能力。」縱使老套，卻也是行之三千年有餘的經驗法則，那些耳熟能詳的聖人都是成功者的典範。「君子之所以進者，無他法，天行而已矣。」所謂天行，即指符合客觀自然規律的實踐，成功的途徑是有法可循的，「自省」便是其中一道，卻不見得每個人都做得到，倒不是不認同這個自然規律，而是越淺顯的道理越容易被忽略，再加上人性的怠惰使然。

牛頓第一運動定律發現，天地萬物的運動法則遵守著「靜者恆靜，動者恆動」的規律，在沒有任何外力影響下無法改變，這就是所謂的「慣性」。廣義延伸到人也一樣，人若只是靠著長久以來的習慣過生活，沒有透過回顧、反思等這些外力的影響，「改變」又談何容易呢？

許許多多的成功都是在錯誤中反思，從錯誤中成長，從大錯到小錯，從小錯到無錯，從無錯到成功。

世界上沒有人不犯錯就能取得成功，我們甚至可以說，成功正是建立在眾多錯誤的基礎之上。成功者和平庸者的區別就在於，成功者犯了很多不同的錯誤並不斷改進，越改越好，而平庸者則一個錯誤都不敢犯，或者根本對所犯的錯誤不知有所反省。

奇美實業董事長許文龍說：「跌倒之後，不要馬上爬起來，還要看看地上有什麼可以撿的。」正是這個道理。華人心理學家趙志裕教授研究發現：能夠客觀認識自己缺點的人總是比較容易成功；而不敢正視自己缺點的人則很難取得成就。Kobe對自己的嚴格是帶有一種自負與苛刻。他知道即使不是場上最有天賦的球員，但他是練習最認真，花費最多努力與犧

牲的球員。而他也知道，他不會吝惜自己的鍛鍊成果，他總是用盡全力去擊敗對手。同時也因為他對待隊友太過苛刻讓他得到「不是一個好領導者」的批判，但以身作則要求自己的態度，卻只能讓人恨得牙癢癢。

勇於面對自己不足的人，其背後的深層動機則是「自我提昇」，讓自己有不斷前進的動力，透過檢討、改善，有目標地把自己的弱項變為強項。

《孟子・離婁篇》曾說：「行有不得者，皆反求諸己，其身正而天下歸之。」這道理是說，當一個人做了什麼事失敗了，就該自己擔當起失敗的責任，而不是推給他人，當你能夠擔起責任、淘汰掉錯誤的自己，不斷改進、不斷重建，自然便能修剪成一個完美的人型，漸漸地把「做錯」的機率越壓越低。在職場上，百分之九十八的小職員們都曾在茶餘飯後抱怨公司制度、主管刁難。我倒認為，其實沒有所謂的好公司、壞公司，或是好老闆、壞老闆，只要每月都按時支付合理的薪資，工作也只是一種合理的交易而已。老闆付出薪資，員工付出專業。專業不足被挑毛病，就好比你買了個瑕疵品，你也得向賣方捍衛自己的權益一樣。當自己的地位在主管的心中不占分量，又怎能只是一味地牢騷滿腹，卻沒有平心而論地反視自己的不足呢？眼裡只看到對方的嘴臉，沒有深入觀看對方眼中的自己，只能遺憾地等著被淘汰吧！

做足「三省四關鍵」

《禮記》大學篇提到：「古之欲明明德於天下者，先治其國；欲治其國者，先齊其家；欲齊其家者，先修其身；欲修其身者，先正其心；欲正其心者，先誠其意；欲誠其意者，先致其知；致知在格物。」所以，想要

扭轉劣勢，必定要先駕馭自己的缺點，從認識完整的自己，到改變、重建自己，讓經驗帶領我們走向成功。反省對於成敗的意義，即是「反」過頭來「省」下踏錯步的次數。

所以，我們要做足「三省」的功夫：

1 在失敗的時候反省

每當遇到挫折時，即便有許多外在因素導致失敗，也不能把它們當作藉口，畢竟在過程中沒有避開這些外在因素，沒有明察的還是自己。事實上，上帝關了你一扇門，必然也會為你開啟另一扇窗，每件事都是一體兩面，失敗不見得全然可悲，因此要從失敗中透過反省擷取可貴的經驗，替自己創造成功的機會。

2 在平日的時候反省

曾子說：「吾日三省吾身。」他所說的「三省」，是每日檢討自己為人辦事是否盡忠、對於朋友是否誠信、對於學業是否用心。廣義去推，我們可以時時反思自己所行、所言、所思，有沒有做了不該做的事情、講了不該講的話，或是動了不該有的念頭？在還沒摔跤前，不斷修正自己的腳步，才能穩步向前，透過這種好習慣，就能避免掉一些令你挫折的危機。

3 在成功的時候反省

當走到成功這一步，守成是相當不易的，仍要不斷反省自己，推向更高的境界，也就是以「歸零」的眼光來自我審視，否則就是等著別人來「將你歸零」了。當然這裡所謂的成功不僅僅是事業的成就，更包含生活

中所立下大大小小的目標，即便縱橫情場也是如此，沒有時時刻刻花心思經營感情、保持愛情的鮮度，再濃烈的戀情也有可能變質。

至於反省的好習慣該怎麼養成，必須做足以下四個關鍵：

▶ 安靜

每天給自己一些獨處的時間，心理學家馬斯洛認為，達到自我實現境界的人，能接受自己也能接受他人，解決問題能力強、自覺性高，善於獨立處事，並特別強調要留給自己不受打擾的空間，利用片段安靜獨處的時間讓思緒沉澱、情緒歸零，進而看到每件事情的枝微末節，就像在湖邊俯視自己的倒影，在沉靜無波時才能顯得清晰。

情緒歸零很重要，意氣用事讓我們帶著情緒用感性審事，導致無法看清盲點，因為情緒是一種主觀意識：「我覺得很生氣」、「我覺得很沮喪」、「我覺得很不公平」，滿腦子裡只有「我」，看到的便只有自己的委屈，接著就會怨天尤人、自憐自艾。一個巴掌拍不響，受了委屈、挫敗，即便有個對象使你受氣，也該反思自己是不是哪裡不夠好，才成了這個箭靶。所以，自省的第一步便是給自己安靜的空間，放下情緒，冷靜反思接下來的步驟，才有繼續進行的意義。

▶ 重播

這個步驟就是在安靜中回想今天的自己，或是某件事中的自己，當心思靜了，就能將整個過程倒帶、重播，仔細審視自己還有哪裡可以更好或者需要改進。也許你曾經看過某些連續劇的劇情鋪陳，讓你在電視機前氣

得大罵「太誇張了！演得太離譜了！」事實上，螢幕前的觀眾總是冰雪聰明，當你像看戲般以旁觀者角度審視自己，也可以發掘更多亟待改進的空間。

▶ 淘汰

發掘了不足之處，自然不能得過且過、敷衍塞責，而是要做檢討和改進，把自己不好的狀態紀錄下來，或是一些導致失敗的致命點，要特別引以為鑑，將這些致命點轉化為「重建」自己的轉捩點。

▶ 重建

人生最大的成就在於不斷重建自己，其實這也是最困難的一步，改變往日的習性甚至已僵化的思維，皆必須下足功夫。先以自己能力所及的範圍去嘗試，起步的眼光要小，適時來點挫折和壓力，待信心建立後再慢慢把胃口養大、目標放遠。循序漸進的小幅改善，才能徹底根除惡習。既然太陽也有黑點，人生在世也不可能沒有缺陷。犯錯不要緊，要緊的是同樣的錯誤不能犯很多次！如果你想成功，就要不怕犯錯；但如果你要成功，同樣的錯誤只能犯一次！被一塊石頭絆倒一次不要緊，重要的是不能被同一塊石頭絆倒兩次！

平衡生活的天秤

愛德華‧伊文斯（Edward Evans）生長在貧苦家庭，他一開始是靠賣報紙為生，後來在雜貨店當店員。由於他是家中唯一的經濟支柱，他必須不斷尋找工資更高的工作，即使當上圖書管理員助理，工資也不算多，

他也不敢輕言辭職。八年之後，伊文斯終於鼓起勇氣開創自己的事業，他用借來的五十美元創業，竟幸運地在一年內淨賺兩萬美元，可惜好景不常，他存錢的銀行倒閉了，他不但損失了全部財產，還負債一萬六千美元。他承受不住這樣的打擊，竟一病不起。

他說：「我開始生起奇怪的病來，病因純粹是憂鬱過度，有一天我走路時昏倒在路邊，從此只能臥床休息，結果全身長滿褥瘡，最後連躺著都痛苦不堪。甚至當時醫生都已經宣告，我大約只能活兩個星期左右，我十分震驚，趕緊寫好遺囑躺著等死。沒想到，我因為知道了死期，反而不憂慮了，總算可以靜心休養。雖然每天真正的睡眠不足兩小時，但卻很安穩，那些令人疲倦的憂慮漸漸消失了，胃口也漸漸好起來，體重也開始回升。又過了幾星期，我能拄著拐杖走路了。很神奇地，六星期後我又能回去工作了。過去我的年收入曾達兩萬美元，現在能找到每週三十美元的工作我就很滿意了。我的工作是企劃行銷建築及工業用的隔板，我不再後悔過去，更不害怕將來，而是將全部時間、精力、熱忱都放在行銷工作上。因為我了解到：生命就在生活裡，就在每分和每秒之中。」

振作後的愛德華・伊文斯事業發展迅速。沒幾年，他已是伊文斯工業公司的董事長。從此以後，他的公司長期雄霸紐約股市中的同類市場。如果你去格陵蘭，很可能會降落在伊文斯機場，這正是為紀念他而命名的。當生活的天秤歪斜之時，個人就會陷入混亂狀態，可能是精神狀態、健康狀態或情緒狀態的失常，這就是自我管理失調的病徵。此時，就要運用前述的各種自我管理與自我激勵守則，把生活的天秤調回均衡的一百八十度，達成工作與生活的新平衡，才能成功掌握自我，主宰自己的人生。

5 Kobe Bryant の「目標」

If you want to success, you want to sacrifice a lot of.　~Kobe
如果你要成功，那麼你要犧牲許多。

　　學校的輔導主任有一天問一名十歲大的孩子，長大之後想做什麼，那孩子大膽地說，自己想要成為一名NBA球員。輔導主任接者說，那好像是一個不太實際的夢想，但男孩不以為意，「嗯，那就是我想要做的。」他這麼說著，但輔導主任也堅持：「我覺得你應該要做點別的。」

　　或許對大多數人來說，成為一名NBA球員是一個遙不可及的夢想，但對於那個10歲的孩子來說卻不是，因為，他的名字叫Kobe Bryant。

　　Kobe面對獵物，虎視眈眈。不論對自己、對隊友或敵人，Kobe就如曼巴蛇一般的精準、嚴格、兇狠。Kobe直視前方的穿透力，傳達出於籃球的嚴厲。對待隊友太過苛刻讓他得到「不是一個好領導者」的評價，其以身作則要求自己的認真態度，只能讓人恨得牙癢癢。他「嚴以律己，嚴以待人。」面對目標不容妥協的執著態度，成為球迷們自我要求的最佳典範。

　　Kobe對於目標的實現曾經這麼說：「我心裡想，如果那目標是如此難達成，那麼假使我沒把所有力氣都用在那上頭，我怎會有機會實現？如果我沒有百分之百專注在那上頭，我永遠都不會達成目標。」

　　幾年之後，Kobe真的實現了他的夢想，在1996年NBA選秀會上被

夏洛特黃蜂隊選上，隨即被交易至洛杉磯湖人隊，穿上他夢想中的紫金戰袍。不過Kobe的NBA生涯並沒有一開始就順遂，他在暑假時打球不慎弄傷手腕，因此錯過季前訓練營。

「籃球有點像是人生，有時候它會很難熬。」那時候身材還有些單薄的Kobe這麼說。「你可能會被狠狠痛擊，但你必須做的，就是站起來，把頭抬高，再試一次。」

從某種角度來說，那就像是Kobe球員生涯的寫照，他總是不斷面對挑戰與挫折，但他固執的態度讓自己從未低頭認輸，也未曾太過在乎別人的想法。流行樂天王麥可・傑克森（Michael Jackson）曾在Kobe打完菜鳥球季之後給了他一點建議：「持續你正在做的。不要為了與其他人交融而讓自己變得平凡，不要降低自己的水準。」Kobe後來接受訪談時回憶道：「麥克當時給我所需要的建議，讓我知道要專注在自己的工作上，不對自己的目標動搖，這些精神上的成長，讓我在2000到2002年和隊友歐尼爾攜手完成了三連霸。」而他會如此專注在自己的目標上，全賴已故流行樂天王麥可・傑克森（Michael Jackson）的開導。

二十年過去，Kobe自始至終以這樣的態度在NBA奮戰，他贏得了五座總冠軍、18次入選明星賽、15次入選年度最佳陣容，還有兩座總冠軍賽MVP與一座年度MVP獎盃。37歲的他在NBA球場上跑了超過56,000分鐘，在聯盟歷史上僅次於賈霸（Kareem Abdul-Jabbar）和馬龍（Karl Malone），但那還沒有算進季前熱身賽與季外代表美國隊出賽的時間，當然也不包括那些練球時間。根據湖人隊總教練史考特（Byron Scott）的估計，Kobe其實已經在NBA打了相當於三十年的時間。

目標一旦訂定後Kobe便全力以赴，哪怕是受傷也無法阻止他回球

場拚搏的決心,所以他有一個外號,許多人都叫他「準外星人」,因為Kobe有次肩膀受傷,球隊指示他要休息六週,但他只花了一個禮拜就回到球場;有人記得自己曾和Kobe比賽飆車;有人在底特律深刻感受到Kobe對於求勝的執著與快速的學習能力,即便他們比的是乒乓球;有人記得自己在賽前四、五個小時來到球場時,看到Kobe一個人在練投,然後當練習結束,他們會坐下來聊聊籃球、人生和自己的孩子;也有人記得自己見識到Kobe如何在凌晨四點,天都尚未破曉之前,就因為練球而滿頭大汗的樣子。Kobe對目標的堅持與貫徹如曼巴蛇一般的精準、嚴格、兇狠。

別讓速度降為負值

由卡內基指導,拿破崙‧希爾廣泛研究後所提出之「十七條成功的金科玉律」,列居首位的即是「確立目標」。

確立目標是採取行動不可或缺的前奏,更是邁向成功的根基,所有智慧、奮鬥、機會與挑戰,均須奠立其上,方能開枝散葉。沒有目標,行動的枝莖就無法苗發,只能埋首深壤,仰望遙不可及的成就;即使硬是破土而出,也只能如藤蔓般東搖西擺、左攀右附,空在冤枉路費勁盤繞,也抵達不了理想境界。

因此,目標除了扮演根柢的種子,更宛如高空指路的北極星,既孕育了行動的根本,也指引了行動的可能,讓我們不會因缺乏目標而裹足不前,更不會因缺乏目標而橫衝直撞,在岔路中虛度與迷失。

《戰國策‧魏策四》有則名為《南轅北轍》的寓言:有個人要前往楚國,卻駕馬車朝北而行。有人問他:「往楚國怎麼會往北邊走呢?」他回

答：「我的馬好！」那人說：「馬雖好，這仍然不是往楚國的路。」他答道：「我的盤纏豐足！」那人又說：「盤纏雖多，這仍然不是往楚國的路。」他答道：「我的馬夫本領高。」那人嘆口氣道：「這些東西再好，方向不對，離楚國只會越來越遠啊！」

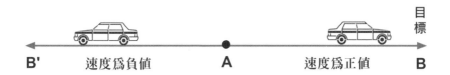

在物理學中，velocity代表「速度」，speed代表「速率」，「速度」就是「有明確方向的速率」。朝著固定目標的方向行進，速度永遠為正值；而朝著不固定的方向迂迴徘徊，甚至往反方向走，都會使速度變慢，甚至降為負值。

因此，車好馬壯皆不如方向正確，確立目標，就是確立行動的內容（what）與方向（how）。確立行動的內容，相當於植育行動的種子，在落土之前先揀選意欲栽植的種子品種、大小、形狀與顏色；確立行動的方向，則相當於決定用何種方式進行栽培，例如給予多少光照、使用何種肥料、澆水的頻率、除蟲的需要……等等。

對行動的內容毫無概念，則後續行動的可能皆遭扼殺，正如以零為分母進行運算，將使整個分數毫無意義；對行動的方向一無所知，將可能讓自己誤陷歧途，而在岔道上的一切努力，不僅無法縮短與成功之間的距離，甚至可能與之背道而馳。現行教育體制造就了不少狹隘的思維，形塑出一群又一群沒有目標的莘莘學子，讓他們誤以為自身的價值只剩下成績單上的量化分數，因而有人挑燈夜戰、有人心不在焉地創造了幾個對他們

而言並無太大意義的數字，然後聽天由命地依循這個數字分發到的學校與科系，決定了他們一生的志業。他們正如沒有目標的藤蔓，也許智慧過人、也許勤奮可嘉，卻連成功的形象都沒有仔細描繪，遑論試圖接近。汲汲營營之間，可能連原先值得發展的長才或興趣都遭埋沒。該如何突破這個難題？答案就是——找出釋放天賦的通道！

除了積極地邁向成功，也要懂得避免失敗，正如同選科系般，眾多學生也許在填志願的當下都還沒決定自己的興趣取向，因而接受父母的安排填上他們所期望的科系，殊不知自己若沒興趣，不僅是浪費時間，學習起來也格外吃力。

因此，避免白走冤枉路的方法，就是填志願時，即便不知道該讀什麼系也無所謂，最重要的是至少不要選自己討厭的科系；同樣地，在設立目標時，也要避免自己沒興趣的項目，如此才能確保熱情，在該領域上慢慢琢磨，終致發光發熱。事實上，無法獲得成功但懂得避免失敗，又何嘗不是另一種成功呢？

位於東非肯亞與坦尚尼亞交界的馬賽馬拉，經常上演著這樣驚心動魄的劇碼——牛羚群起遷徙渡河，屢屢在河畔謹慎試探，而後一隻一隻下水，再以迅雷不及掩耳之速飛奔到對岸；然而只要一個失神，就會深陷鱷魚的血盆大口，自此在利牙銳齒之間灰飛煙滅。

然而，牛羚每次的遷徙數量都多達上千甚至上萬頭，聲勢甚為浩大，巨鱷也應該要退避三舍吧！牠們又怎麼會成為對方的佳餚呢？

答案正是鱷魚確立目標的本領。沉潛水底的鱷魚並不為浩大的牛羚群所震懾或迷惑，牠只審慎觀察著群體的行進當中，何者體態老弱、步伐落後，而後伺機而動，隨時準備一躍而上。從鱷魚確立目標到撲殺牛羚，有

時甚至僅需數十秒的時間！倘若鱷魚直朝大群牛羚胡亂撲去，往往只會激得牛羚四處竄逃，甚至運用群體的力量加以抵抗，最後可能連半隻獵物都捕獲不著。

知名漫畫家蔡志忠接受經濟日報專訪時，表示自己從四歲多就知道將來要靠畫圖維生，九歲時即立志成為漫畫家，國中時代開始積極投稿，並隻身從彰化北上尋覓漫畫工作機會，終於在十五歲那年成為職業漫畫家，至今已出版數百本畫作，並廣銷全球各地。蔡志忠的成功哲學就在於，很早就開始思索自身的定位，開始為自己的生涯立定明確目標，並且不斷朝著目標邁進。和蔡志忠一樣具備漫畫長才的人不在少數，但往往臣服於升學與溫飽的現實而舉旗投降。在蔡志忠眼裡，這就是對目標的信仰不夠堅定，對夢想的執著不夠狂熱，所以在人生的道路上一看到指向他處的路標，就會輕易地放棄顛簸的前景，隨著大多數人選擇坦途。正因如此，坦途往往走不出人才，顛簸卻常常使人大放異彩。

以「海角七號」大賣，振興國片的尋夢導演魏德聖是一位化阻力為動力，勇於追求自己目標的人，儘管前方道路崎嶇、阻礙重重，他依舊抱持著激昂的熱情去實踐夢想。在他籌拍「海角七號」時，一片不看好的聲浪席捲而來，資金不足導致他們沒有多餘的錢去做大量的行銷宣傳，甚至積欠上千萬的債務，只為了堅持實現他的導演夢，而他的努力也確實感動了人們，讓所有人又重拾尋求目標的動力。

另外，首張專輯《之乎者也》就引起華人歌壇注目的羅大佑也是一例。醫學院畢業的他，並不甘於以醫生作為終生職業，他對音樂的熱情從學生時期開始就已經噴發。儘管他的父親認為音樂不能賺錢，要他專心做好醫生，但羅大佑排除萬難，依舊堅持完成自己的目標，第二張專輯在艱

困的情況下誕生，專輯一問世便獲得歌迷的熱烈迴響，而他也慶幸當時並沒有動搖目標，才有如今的成就。

「針對單一的目標，成功只有一條路，但失敗卻有一百萬條路。」蔡志忠認為，確定目標可以提高成功的勝算，讓自己無路可逃，只得全力以赴；但是在確定目標之前，必須先認清自己的本質，釐清自身的條件，否則立下的目標也只是虛無，就像種下彈珠一般不會發芽。如果能完全瞭解自己的興趣與能力，再全力往既定的目標前行，成功將是指日可待。

無數的岔路在人生中盤根錯節，每逢一次轉折，我們就要停下來思索——究竟哪一條才是自己的目標？選擇交往對象時，弱水三千，也只能取一瓢而飲，倘若亂槍打鳥，情場周旋，一旦東窗事發，只會落得惡名纏身，反而讓良緣敬己遠之；選填志願時，學術領域五花八門，職場出路多元繽紛，但最終仍然只能選擇一個校系就讀，一旦前腳跨錯，要返身而退的轉系、轉學等方案，都將造成時間與心力的重大耗損；求職應徵時，自述或自傳中是否傳遞出明確的職場目標，也是雇主考量是否聘任的重點，有些人大書特書自己的人格特質與豐功偉業，對於自己的未來規劃卻隻字不提，如此將造成自身專才無法發揮，以及企業人力資源調配的成效低落。自行創業時，除了鎖定行業類型，產品方向、目標客群等都是亟須考量的重大要項，如果東嘗西試，不斷變換跑道，自身品牌不僅無法確立，利潤損失也將非常可觀。

美國成功學大師博恩‧崔西（Brian Tracy）也認為：「成功就是實踐你的目標。」你的目標在哪裡，成功就在哪裡，因為目標的存在得以減少失敗的可能，避免時間的浪費。以企業經營而言，成功的第一要件便是對目前可資運用的資源瞭若指掌，包括資金、人脈、專業、技術、資訊、

政府政策……等都必須詳加考量，為自己量身訂作一套合身的企業目標，確立企業目標以後，再開始清楚設定產品走向、服務類型、目標客群等，瞄準未來的發展方向。

英國零食市場早已趨近飽和，因而競爭格外激烈。有鑑於此，專以出產馬鈴薯片為主的Walker's企業，開始對英國消費者的零食習慣進行大規模的市調，他們發現非鹹零食的市場占有率竟高達百分之八十六，也就是自家產品必須在僅餘的百分之十四市場領域中，再與其他競爭對手廝殺。然而Walker's並未因調查結果而稍有退縮，反而更加堅定了在鹹零食市場的發展志向。他們仔細分析零食與需求場合之間的關係，檢討自家產品在各種場合當中扮演的角色，並且不斷改良與研發，設計出以成年人為目標客群的Walker's Sensations產品線，並與名廚合作開發健康零食等，終於在英國鹹零食的市場競爭中站穩腳跟，十數年不墜。

法國知名作家大仲馬說：「人生沒有目標，就像航海沒有指南針。」目標是往後旅程的導航，牽引著我們的發展，也扶持著我們不輕易在困厄面前倒戈。沒有目標，我們就不會努力，因為我們不知道為什麼要努力；沒有目標，我們就會失去抓取機遇的能力，因為不知道靠岸的碼頭在哪裡，也就不知道什麼風向對自己來說是順風。

在股市投資界有所謂「祖魯法則」（The Zulu Principle），這個名詞出自英國傳奇性的投資典範吉姆・史萊特（Jim Slater）的投資心法，他主張投資散戶可以從數千支股票當中，專注研究其中幾支市場能見度較低的小型成長股，抓準買賣時機，就能殺出法人重圍，創造驚人的投資報酬率。

「祖魯法則」之名來自西元一八七九年，英國軍隊與南非部族祖魯王

國的交戰，祖魯人自知軍備火力遠遠不敵英軍，因而採取集中火力的攻擊戰略，在英軍防線中選擇單點突破，結果出人意表地以長矛與尖刀大敗船堅炮利的英軍。史萊特認為散戶投資的處境正如當時的祖魯族，若能看準目標而後集中火力，就有可能化劣勢為優勢，創造成功。

制訂目標不能保證我們絕對獲得成功，但它卻是邁向成功的黃金敲門磚。目標為日常生活的例行公事妝點色彩、賦予意義，激起我們對工作與人生的熱情和想望。目標也填補了生活的空白，讓我們懂得精益求精，隨時補充向目標前進的能量。目標讓我們對未來懷抱無限的憧憬，把遙不可及的夢想在眼前具象化，讓我們隨時緊盯自己的步伐，準備投入成功的懷抱。因此，想成為百勝之師，必先明確為何而戰？為誰而戰？

訂目標不是為了將來，是要影響現在 🏀

目標對人生有巨大的導向性作用，你選擇什麼樣的目標，往往就會有什麼樣的人生。Kobe Bryant說：「我現在所做的一切，都是為了追求更加完美。」（Everything I do now, is in pursuit of more perfect.）

有些人不去設定目標的原因是：不知道目標的重要性；訂了目標不知道怎樣達成；不知道如何訂目標。其實目標有著很大的威力：目標能使我們清楚現在最重要的是什麼，能更好地把握明天；為你指引明確的方向。

所以說目標設定的目的，是為了達成。你選取什麼樣的目標，關係著你現在要怎麼做，下一步要做什麼，能讓你當下的行動更明確。

但為什麼還是有大多數擁抱目標的人沒有成功？統計數據指出，那些懷抱理想的群體中，真正能完成計畫的人只有百分之五，大多數人不是將自己的目標捨棄，就是淪為缺乏行動的「空想」。

貝爾納（Bernard）是法國著名的作家，一生創作了不少的小說和劇本，在法國影劇史上占有出眾的地位。有一次，法國一家報紙進行了一次有獎徵答，其中有這樣一道題目：如果法國最大的博物館羅浮宮（Musee du Louvre）失火了，因時間緊急，可能只允許搶救出一幅畫時，你會搶救哪一幅？結果在該報收到的成千上萬份回答中，貝爾納以最佳答案獲得該題的獎金。他的回答是：「我會搶救離出口最近的那幅畫。」

　　有了明確的目標，每天的行動就不會偏離終點太遠，而目標最終是否能達成取決於你自己是否真的「有決心」每天重複去達成新的目標，現在就開始行動！

有感覺的目標，才可能實現！

　　對於一個追求成功的人來說，最佳目標不是最有價值的目標，而是最有可能實現的目標，而那也正是屬於你的優勢目標。只有即時準確地確立優勢目標，才不會白白浪費寶貴的時間，以最快的速度抵達成功的彼岸。

　　也許，你心目中的成功定義十分模糊，但是你一定有個追求的目標，一個亟待實現的夢想。旅遊頻道節目主持人謝怡芬（Janet）曾表示，她從十六歲開始就立志要玩遍世界，即使沒有豪華的五星級飯店，也堅持要踏遍世界各個角落。而她的事業成就就是從這個目標「無論做什麼，都要去旅行」開始發跡，這也是成功學大師拿破崙・希爾十七條金科玉律中的第二項──對目標永保追尋的熱忱。

　　如果我一開始就要求平常沒在慢跑的你去跑半馬的馬拉松21公里，你一定會想怎麼可能做到，平常爬個兩層樓就氣喘如牛，21公里怎麼跑。但人的潛能是無限的，一開始你可能沒辦法跑21公里，但走1公里，

你總辦得到吧！當你每天都走1公里，實施了一陣子之後，已經能適應1公里的距離和走的感覺，這時候我叫你改成每天快走1公里。快走的強度適應了之後，再請你改成慢跑，等你漸漸適應了慢跑之後，再拉長距離，從1公里→3公里→5公里→10公里→21公里你會發現原來你可以做到，重點在於時間，我們不要妄想一步登天的事情，按部就班讓身體適應不舒服的環境，適應後再慢慢突破，最終一定可以達到你要的目標。階段性目標達成後，還有一件很重要的事情要做，就是要練習慶祝。我發現有時候之所以行動會沒辦法持續，很大的關鍵是「你沒有獲得獎賞」。

國外有個實驗很好玩，他讓一隻狗吃骨頭，並在狗吃骨頭時候就搖鈴鐺。之後只要給狗吃骨頭他就會搖鈴鐺，這樣施行了幾天之後，有一次他沒有給狗骨頭吃，卻搖了鈴鐺，你猜猜發生什麼事情？答案是狗居然流口水了，沒有給狗吃骨頭為什麼狗會流口水呢？因為給骨頭跟搖鈴鐺產生了鏈結，狗骨頭＝鈴鐺。

所以我們在任何的小成功後一定要懂記得慶祝，這樣你的意識才會覺得被鼓勵，你的行為才會不斷地持續下去。獎勵可以是去吃你想要吃的小吃，或是想看的電影，或是想買的衣服，物質上不能是太大的慶祝。因為大的慶祝是要有大的目標完成，小目標完成就只要小慶祝即可。當你有達到你自己設定的目標後，不用管那個目標的大小，你一定要慶祝這個成功，記得「每一次成功，都值得為自己喝采！」

而幫助你確定有效目標的「SMART」原則，必須符合五個條件：

1. Specific：具體的。

2. Measureable：可以測量的。

3. Achievable：能夠實現的。

4. Result-oriented：結果導向的。

5. Time-limited：有時間期限的。

如果再簡化一點，可將有效目標的核心條件概括為兩個：一是「量化」，另一是「時間限制」。這樣就可以使目標的可操作性變得更加明確，有利於我們精準掌握目標的進度。

「量化」有兩種意義，一種是指「數字具體化」，意即要寫出精確的數字。例如，你在三年內要實現的收入狀況，就可以量化為一百五十萬元、一百萬元等具體的數字。第二種是指「形態指標化」，意即將其表現形態全部以數字化指標來補充描述。如你的目標是想買一間房子，應該具體說明：多大面積、幾房幾廳、多少價格、具體位置、房屋朝向、周邊環境的要求等。

「時間限制」指的是你所確定的目標，必須有明確的期限，可以具體到某年某月。沒有時限的目標，不是一個有效的目標。因為你很容易為自己找到拖延的藉口，使目標實現之日變得遙遙無期。目標要能實現，就必須將目標分解為具體的行動計畫，使自己知道現在應該為達成目標做些什麼努力，使目標具備具體的行動基準。

把目標分解量化為具體的行動計畫，通常是採取「逆推法」，即確定大目標的條件後，將大目標分解成為一個個小目標，由高層級到低層級，層層分解，再根據設定的期限，由將來反推回現在，即能明確自己現在應該做什麼，這種流程稱為「以終為始」。

用「逆推法」分解量化目標為具體行動計畫的過程，與實現目標的過程正好相反。分解量化大目標的過程是逆時推演，由將來反推回現在。而實現目標的過程則是順時推進，由現在往將來的方向推動。

目標不怕高遠，但要衡量自己的能力，具備到達目標的實力，才能事半功倍。要想達成目標，則必須要有計畫、有進度、有預算，把自我的人生當成企業專案進行全面的量化管理。善用SMART原則的目標管理，就能成就最SMART的人生。然後運用「多米諾骨牌理論」，即可一步步完成更大的目標！

用小目標當晨間的鬧鈴

你要對自己的目標進行有效的管理，把遠景目標分解成一個個易記的目標，當成每天的晨間鬧鈴；並將目標假想成一座金字塔，塔頂是你的終極目標，而你所訂定的目標和為達到目標從事的所有行動，都必須同時指向你的終極目標。

目標金字塔的概念圖

金字塔由多層組成，最上一層是核心，包含著你的人生總目標，其下的每一層則是為實現上一層的較大目標而要達到的較小目標。一天實踐一件小事，一個月完成一件新事，一年成就一件大事，一生就能圓滿一件有意義的大事。所以要定期檢查自己是否實現了預期的目標，並視實際情況適時修正；另一方面還需以目標不斷地激勵自己。美國哈佛大學（Harvard University）心理學家威廉‧詹姆士（William James）研究發現，一個沒有受到激勵的人，僅能發揮其百分之二十至百分之五十的能力。而當他受到激勵時，其能力可以發揮至百分之九十或更高。

人們都有一種傾向，一旦實現了一個目標，就以為大功告成，隨之跟

著放鬆、懈怠起來。因此，一個積極進取的人，應該在實現目標之後，再為自己設立另一個新的目標，不斷在新目標的激勵下提升自己。切勿在達到一個目標許久之後，才去尋找制定下一個新目標，而應該時刻在心中充滿規劃，每完成一個目標，就已知道下一個前進的方向在哪裡。以賺取金錢數額為目標來說，一個以往年均收入六十萬的人，如果在新的一年內為自己設立的目標是增加二十萬元（達到年收入八十萬元），那麼，作為一個階段性目標，這是實際可行的。如果他在前期並未有任何積蓄，卻希望在新的一年內有一百萬元的收入，那麼，他並非在談論目標，而是想一夜致富，這就只有機率極低的好運能成全他。

立定目標不是獨立的單一事件，立定目標後還必須歷經「切割目標」與「管理目標」的程序。由於我們的遠景目標大都較為籠統模糊，例如「想成為新聞主播」、「想擔任補習班名師」等，這些都必須攀緣階段性目標的階梯，從考上新聞相關系所或研讀新聞相關學科→尋求新聞相關機構的工作機會，或是發展專業學科的系統知識→培養教學口才與舞臺魅力等，才能讓詳盡的計畫，落實為現實。

按部就班，醞釀實力

Kobe說：「我還能像以前一樣跳躍時跳過兩三個人嗎？不，我不行。我還能像我以前跑得一樣快嗎？不，我不行。但我還保有我的基本功跟打球的智慧，這也是讓我能一直成為主要球員的原因。成長過程中，我從來沒有跳過任何一個步驟，一直按部就班，因為我知道，運動員的生涯是短暫的。」（Can I jump over two or three guys like I used to? No. Am I as fast as I used to be? No, but I still have the fundamentals

143

and smarts. That's what enables me to still be a dominant player. As a kid growing up, I never skipped steps. I always worked on fundamentals because I know athleticism is fleeting.）

有夢想，沒行動，妄想一蹴可幾的成功，是許多不切實際的人追求的目標。彩券業的發達，想必正構築在許多人海市蜃樓的美夢之上。然而，若你的投資僅在「一夜致富」的白日夢裡，恐怕終其一生，都難以圓遂。

「豆皮」，又稱三鮮皮，是中國武漢最有特色的小吃之一。其作法必須先用竹刷子沾上油，刷過鍋面，用米漿平鋪鍋底，再將蒸熟的糯米飯均勻鋪在上面，用小鏟子壓實到兩公分厚。接著不停轉動鐵鍋，火候均勻烘烤在每個區域。然後撒入肉丁、鹹菜，放置一會兒後，用鏟子把豆皮切開一半，急速來個大翻轉。接著將散落在外的豆皮補進大圓餅，使它逐漸變成方形。這些步驟必須確切遵守，稍有遺漏就不能製成美味的豆皮。其竅門在於，豆皮的皮要煎透才會脆，而糯米要壓得夠結實，翻皮的時候才不會散；翻皮時要分兩次，才會翻得完整、美觀。儘管排隊買豆皮的人兩三口就吞下肚了，但是日復一日、大排長龍的隊伍背後，卻有著不疾不徐、循序漸進的製作堅持。

不只是豆皮，任何禁得起時代考驗，經營三代以上的產業，無一不是貫徹按部就班的原則。他們之所以會成功，是由於他們看重過程的每一個步驟，而不只是看重結果。也因為他們的堅持，才能造就出極具規模的成品。但是，按部就班並非消極地循規蹈矩，而是累積了足夠的實力與條件，一出手就要成功的戰鬥力。即使擁有勢在必得的遠見，仍需步步為營。

金氏世界紀錄銷售保持人喬·吉拉德說：「通往成功的電梯總是經常

故障，想要成功，你必須一步一步往上攀爬！」因此，做任何事要務本踏實，一步一腳印，切忌投機取巧，才能完成人生的終極目標。

孩提時代，每個人都是一筆一畫學著寫字，學會寫字後，才可能產生文學創作。學習各種技能皆然，學畫要先練素描、學音樂要先懂樂理、學武術要先站穩馬步。任何領域的一流大師，背後都具備紮實的基本功，由一步一腳印練就而成。

世界汽車銷售冠軍喬·吉拉德（Joe Girard），四十九歲那年退休了。在退休前十五年當中，他賣出了一萬三千輛汽車，平均每天賣出六輛，被金氏世界紀錄譽為「全世界最偉大的推銷員」。他究竟是怎麼成為世界上最偉大的行銷高手呢？他曾在一場演講當中提到，他天天研究怎麼將車子賣出去？他發現最重要的，就是要「訂定計畫，循序漸進」。他會在前一天就擬妥隔天的新目標，並且隨時自我促銷、撒名片，連去餐廳吃飯，也特別多給一點小費，再附上兩張名片，讓別人認識他。就這樣，喬·吉拉德一步步建立自己的行銷網絡，因此越來越多人找他買車。

日本經營之神松下幸之助也是有計畫地逐步邁向成功，甚至將目標推向百年後的發展。實際上，他制定了兩百五十年的企業遠景規劃：以二十五年為一個階段，用十個階段完成目標。第一個二十五年，松下電器度過了二次大戰帶來的經濟危機，在戰後迅速重建。第二個二十五年，松下電器營業額突破一千億日圓，員工平均工資趕上歐美企業。松下電器創業之初僅有三個小作坊，今日已經成為全球最大的電器製造集團之一。

已故台塑集團總裁王永慶，獲選為企業家心目中「最受尊崇的企業家」第一名，他的企業從未因其年歲已高而放慢成長腳步。在國內第二代企業家都已紛紛萌生退休念頭之時，王永慶仍然奔走大陸、美國，為籌

劃事業的下一步做準備。「永不停下腳步」已經成了外界對王永慶和台塑集團的既定印象。九十多的王永慶，即使年事已高，仍舊在為未來做準備，最後也於視察美國的事業時安詳離世。台塑成立滿五十年時，有人詢問王永慶：「台塑最重要的精神是什麼？最重要的理念及價值為何？」他回答：「一步一步做，只是這樣而已。」成功之階就像架築在半空中的天梯，必須由一個踏階連接一個踏階，才能連結到頂端的目標之星；如果企圖跳階，輕則絆倒，重則踩空摔落，屆時又要從頭攀登，徒勞無功。把胸襟放遠，但把眼光放近，就會明白「合抱之木，生於毫末；千里之行，始於足下」的古人智慧。

6 Kobe Bryant の「學習」

I draw from the crowd a lot .　　　　　~Kobe

我從人群學習、得到很多借鏡。

　　Kobe Bryant是一位善於思考的球員，他有無窮的學習力。凡能在NBA打球的籃球運動員，其球技在籃球界絕對是數一數二的。但俗話說：「活到老，學到老。」因此，有很多NBA的球星，雖然已經很厲害了，在各大世界比賽中都得過不少冠軍，但他們仍在繼續學習關於籃球的技巧。而Kobe就是其中之一。

　　Kobe是一位全能的籃球運動員，不管是投籃、罰球、三分球還是突破，Kobe都做得非常好，在場上幾乎沒有進攻盲區。職業生涯期間，在各大籃球賽事中，都幫助球隊取得了非常優異的成績，為美國男籃的發展作出了傑出的貢獻。即便優秀如Kobe，也深知學無止境的道理，Kobe曾向Olajuwon學習過背打和腳步，甚至將其精髓都摸透了。Olajuwon說Kobe的學習能力非常強，並感慨道：「Kobe就是天才！」由此可見，有些東西雖然看著很簡單，但其實那是運動員們付出很多努力去學習之後的成果。

　　Kobe非常熱衷學習各種事物，而Kobe拿下奧斯卡最佳動畫短片！就是極佳的見證。

　　奧斯卡金像獎主辦單位「美國影藝學院」（Academy of Motion

Picture Arts and Sciences）公布2018年奧斯卡獎完整入圍名單，由前迪士尼首席動畫師基恩（Glen Keane）、曾為「星際大戰」等片配樂的威廉斯（John Williams）為班底所製作，以布萊恩自行創作的詩篇拍成的短片《親愛的籃球》也入圍其中。在這部短片中，由Kobe親自配音，充分表達他對籃球比賽的熱愛。就在入圍名單公布後，Kobe也在推特談到他正角逐奧斯卡獎一事，他說：「這真的超乎我所想，代表奧斯卡認同這部片的觀點，感謝基恩、威廉斯把我的詩篇帶到這樣的境界，我很榮幸能身處這個團隊之中。」

基恩曾是迪士尼資深動畫師，作品有「小美人魚」、「風中奇緣」、「阿拉丁」、「美女與野獸」、「泰山」、「魔髮奇緣」等，他於2012年離開迪士尼，自立門戶成立工作室。

動畫短片《致親愛的籃球》（Dear Basketball）角逐奧斯卡獎時，同時入圍的有「歡迎光臨豪宅派對」（Garden Party）、「負空間」（Negative Space）、「童話大亂逗」（Revolting Rhymes），和皮克斯的「失物招領」（Lou）等強勁對手。最後是由Kobe拿下奧斯卡「最佳動畫短片獎」抱回生平第一座小金人。

Kobe Bryant跳脫舒適圈，擔任這部五分鐘的動畫短片的男主角。短片中，Kobe親自配音，以低沉的嗓音、緩緩唸出他對籃球的「愛」。而這段五分鐘的獨白內容是源自Kobe退休時登載於Player's Tribune的詩文。

除了Kobe讓人醉心的嗓音，短片畫面呈現了Kobe小時候對籃球的幻想，及長大後他身穿湖人隊球衣，展現灌籃英姿、閃身上籃，還有令人想念不已的跳投姿勢。當然，這部短片也記錄下他籃球生涯中的經典時刻：

即使阿基里斯腱斷裂，仍咬牙回到場上。

Kobe說：「從小我就以冠軍為目標，也很努力的為此奮鬥。但像這個（小金人）卻是我不曾預期的。很多人問我退休後要做什麼，我都和他們說我要想當作家，做個說故事的人。而現在我能在這裡（指得獎和接受訪問），這一切都太瘋狂了。」

「瘋狂」的部分，或許也包括他去年在舞台上參與的表演：他和短片的配樂大師John Williams在舞台上進行現場表演。John Williams指揮管絃樂隊演奏，一旁的Kobe則像是獨奏者般，親身朗誦《Dear Basketball》的詩句。Kobe獨有的「黑曼巴精神」使他在各領域得以不停燃燒生命，超越自我。

不過，他在受訪中亦坦然訴說轉換跑道的經驗一點也不容易。對於那些正在或即將奉獻歲月給運動的後輩們，他分享了一些退休建言及指引。

他說：「身為運動員很困難的是當你重新來過，你必須放下自負，然後從頭開始。」「你得重新當個初學者，學習各種最基本的事物。這就是最艱難的部分。」「首先，我的建議是你必須找到真正喜歡的事情。」Kobe加重語氣「我每天起床後都等不及提筆寫作，也等不及進錄音室。」「當你找到熱愛的事物，所有事情就變得有意義了。」

不僅僅是籃球，Kobe Bryant用行動告訴世人，只要你有心、肯努力、有著享受學習吸收更多知識的態度與好奇心，不管你在哪個領域都能創造屬於自己的偉大！

正如當初他退休時曾經說過的，走下籃球舞台後，他人生新的挑戰才開始。他沒有因為已經賺足了大把財富而虛度自己人生，從他退役後，他

表示自己每天忙碌的程度不輸給還在當職業球員的時刻，而他就是享受這樣充實的人生。

Kobe的父親Joe Bryant在1998年接受訪問時曾說過：「如果我兒子不打NBA，他在其他領域也會很成功，因為他有一顆不服輸的心，他喜愛各種事物並學習，他享受這樣過程，樂於接受挑戰。」

Kobe在奧斯卡舞台上是這樣說的：「做為一名籃球員，我本應該閉上嘴巴運球，但我很高興做到了比這個更多的東西，感謝奧斯卡給了我這個不可思議的榮耀，感謝John William替我製作精采的音樂，感謝你們相信這部動畫，感謝Molly Carter，沒有你我們不會站在這裡，還有感謝我的妻子與女兒們，妳們是我靈感的泉源。」

這就是他的曼巴態度，你可以不喜歡他，但你一定能從他身上學到一些成功者的要素。

成功者不斷學習新知，失敗者反而覺得自己無所不知，活到老，學到老，這是古時候就有的名言，確實是這樣，時代在進步，人的思想也要跟上時代的腳步，就必須學習，如果你不學習新的知識，那麼必然有那麼一天會被這個社會所淘汰。

複製成功者的行事思維

Kobe Bryant說：「我正在跟偉大的球員們打球，和世界上最好的球員們競爭。這比賽就是我一直想要的。」（I'm playing against great players, playing against the best in the world. The competition – that's what I've always wanted.）

與成功者競爭是美好的一件事情，因為你可以學習到最真實的技術。

　　成功者學習別人的經驗，一般人學習自己的經驗。想成功，最快的方式就是向成功者學習，了解成功的人是如何思考的，然後自己融會運用。學習是人的本能，和成功者在一起，自然就會模仿他們的思考邏輯、做事方式，進一步拷貝對方的成功模式，把它變成你的。

　　一位年輕人曾問智者：「你的智慧從哪裡來？」

　　智者答：「來自精確的判斷力。」

　　年輕人又問：「精確的判斷力從哪來？」

　　智者回答：「來自經驗的累積。」

　　年輕人再問：「那你的經驗又從哪裡來？」

　　智者真誠地回答：「來自無數錯誤的判斷。」

　　每個人都有自己與生俱來的思考方式，而一個人的思考方式是過去從小到大累積的結果。成功的秘訣之一，就是向成功者學習他們的思考方式，複製他們的行為，這樣子自然你就少走了許多冤枉路，人生最大的成本並不是金錢，而是時間，所以要記得時間永遠大於金錢，現在之所以你不那麼認為是因為你還沒有成功，如果你親自詢問那些成功人士，願意用所有的財富換取回到過去的時間嗎？相信大部分的成功人士都願意，因為他們了解時間永遠大於金錢，學習就是最好的工具。

　　模仿是一種最直觀、最簡單的學習方式，別人的長處，我們如果不學又如何能到手呢？著名的成功學家安東尼・羅賓（Anthony Robbins）評價成功為：「別人能夠做到的，你同樣也能夠做到。這跟一個人的意願毫無關係，僅僅涉及到你使用的方法，事實上我們平時學習知識，無非也是為了學習前人，那麼何不找一個非常成功的人來模仿呢？」成功者之所以

能達到自己的目標，是耗費了許多時間去開疆拓土，經歷了常人無法想像的失敗，走了不少「彎路」，才找出一條成功之道，使得後人完全不需要花費像他們那樣多的時間，按照他們走過的路再走一遍，只需要複製他們的經驗，就能走出最短捷徑。

東森多媒體董事長王令麟曾說：「做不好就學別人，學好了再求變。」其實，每個人學習的第一步都是「模仿」，嬰兒模仿父母的唇形牙牙學語，以肉食為主的獅子、老虎、狼，則模仿牠們的父母獵食，否則牠們會因為缺乏生存本領而曝屍荒野。當一個人來到世上，就開始不斷模仿的過程，模仿人的行走、人的感情、人的思維、人的行為等，從而掌握立足社會之本。即使已進入一個立足社會的階段，模仿也能幫助你加快成功的速度。中國大陸最大的搜尋引擎百度，即是以模仿搜尋引擎始祖Google起家。它的搜尋起始頁與Google一樣簡單大方，只有幾個純文字選項與主搜尋框，也追隨了Google圖標隨著節日進行變換的精神，並且不斷在Google開發新產品後推出類似的功能，例如以「百度地圖」因應Google的「地圖服務」、以「百度硬盤搜索」因應Google的「桌面搜索」、以「百度知道」因應Google的「Google answers」、以「百度主題推廣」因應Google的「AdSense」……等等。

百度雖然以顯而易見的方式取法Google，但也善用其本土的語言優勢，利用強大的中文分詞搜索技術，穩占華文領域搜尋引擎之首，在模仿之外走出自己專攻華文的在地特色，打造了網路世界的創富奇蹟，成為美國證券史上IPO首日表現最佳的十大股票之一。

「模仿」並非「抄襲」，「抄襲」是扼殺創新的凶器，但「模仿」卻是助陣創新的源頭。「模仿」是看見成功者的致勝路徑，朝著前人指引的

方向，但用自己不同的性格、態度甚至腳步的節奏，用更快也更好的方式
踐行目標。市面上的暢銷書也呈現了顯見的「跟風」浪潮。要憑空發想一
本攫人目光的好書絕非易事，但是一旦出現了一個熱賣百萬的暢銷書名，
就可以讓許多「跟風」的書名接連沾光。這類例子不勝枚舉，包括紅極一
時的勵志小品「心靈雞湯」系列、商管經典「富爸爸」系列、「搬走乳
酪」系列與「祕密」系列……等等，在在顯示了暢銷書是出版市場的風向
球，「模仿」相關題材可以避免不少未知的選題風險，也能夠提供更多的
文化資源與不同觀點給有這類資訊需求的讀者。這種成功路徑的複製，只
要同時顧及自身的出版品質，並能青出於藍，絕對不要落入粗製濫造、魚
目混珠的泥淖，亦不外乎是種脫穎而出的聰明手段。

　　要如何從前人身上找到成功的模式，並複製他們的成功密碼呢？不妨
依據以下策略：

❶ 觀察思維脈絡

　　從每個人固定的思維路徑下手，找到對方處理事件或發想問題的一貫
思考模式，進而加以學習，並且巧妙融入自己的性格與特色。

❷ 觀察處世態度

　　因應問題的態度十分多元，周旋人際的態度也各有千秋，觀察你心目
中的成功典範，是用何種話術或技巧來面對各種情況。

❸ 觀察創意走向

　　如同上述的Google與暢銷書名二例，這些創意走向都為企圖開拓的

跟進者指引了一條阻力最小的路徑，但是否能依這條路徑臻至成功，還要仰仗模仿者的個人功力。

「複製」的對象不見得要是高手名流，只要你發現一個期望擁有的特質，可以在另一個人身上尋得，那這個人就足以成為你「複製」的典範。著名成功學家陳安之曾說：「想方設法地接近那些成功人士，利用和他們相處的機會向他們好好學習。先為成功的人工作，再與成功的人合作，最後，你就會成為那些成功人的老闆，讓那些成功的人為你工作！」學會適當地模仿，並從模仿中學習成功者的過人之處。模仿是最簡便的一種學習方式，你可以用幾個小時或幾天的時間，學到別人歷經十數年歸納出的成功精華，用更短的時間穿越成功捷徑。

隨時備戰，一戰成名

Kobe說：「我願意做任何能夠贏得比賽的事，即使只是坐在板凳上撐毛巾、遞茶水給隊員，或投出致勝一球。」（I'll do whatever it takes to win games, whether it's sitting on a bench waving a towel, handing a cup of water to a teammate, or hitting the game-winning shot.）

成功的機會，總是給予那些準備好的人。幸運的光環，總是戴在已具備必要知識和技能的人身上。

一位老教授退休後，拜訪偏遠山區的學校，將他的教學之道與當地老師分享。由於老教授的愛心及和藹可親，使得他大受老師及學生們的歡迎。

有次當他結束在山區某學校的拜訪行程，而欲趕赴他處時，許多學生依依不捨，老教授於是當下答應學生，下次再來時，只要有誰能將自己的

課桌椅收拾整潔，老教授將送給該名學生一份神祕禮物。

在老教授離去後，每到星期三早上，所有學生一定將自己的桌面收拾乾淨，因為星期三是每個月教授例行前來拜訪的日子，只是不確定教授會在哪一個星期三來到。

其中有一個學生的想法和其他人不一樣，他一心想得到教授的禮物留作紀念，生怕教授會臨時在星期三以外的日子突然帶著神祕禮物到來，於是他每天都將自己的桌椅收拾整齊。

但往往上午收拾妥善的桌面，到了下午又是一片凌亂，這個學生又擔心教授會在下午來到，於是在下午又收拾了一次。接著他想想又覺得不安，如果教授在一個小時後出現在教室，仍會看到他的桌面凌亂不堪，便決定每個小時都收拾一次。

最後，他終於想通，若是教授隨時會到來，仍有可能看到他的桌面不整潔，於是他必須時刻保持自己桌面的完美，隨時歡迎教授的光臨。老教授雖然尚未帶著神祕禮物出現，但這個小學生已經得到了另一份奇特的禮物。

身兼可米瑞智董事長、東森戲劇臺臺長的偶像劇教母柴智屏，自文化大學戲劇系畢業後，因求職不順，加上她想朝戲劇界發展，只好暫時先做個小編劇。某次柴智屏的父親住院，她前往病房照護，無意間將劇本遺落在病房中，被隔壁床的病患家屬好奇地拿起來翻閱──她就是當時紅極一時的綜藝節目《鑽石舞台》製作人黃國治的太太。

因緣際會之下，柴智屏被推薦進入《鑽石舞台》製作團隊，撰寫短劇劇本。進入攝影棚後，她並不受限於編劇的身分，而是仔細觀察製作人王鈞的現場工作實況，耳濡目染下對於節目的整體運作早已摸熟。

155

某次，王鈞因故離開攝影棚，錄影現場群龍無首，主持人胡瓜便要柴智屏出面領導。在這個決定性的關鍵機會，因為她平時的「勤於備戰」，使她當場一鳴驚人，並因此成功由編劇跨線成為製作人，爾後並製作出《好采頭》、《超級星期天》等獲獎無數、好評不斷的優質節目，更轉而製作《流星花園》等高收視偶像劇，打造了享譽亞洲的巨星天團F4，兩年內賣出十三國版權。

在一定條件下，機會對於每個人來說都是均等的。對於有充分準備的人來說，機會意味著成功的電梯，他們只要等到電梯開啟，就可以被送到成功的天臺。但對於平時毫無準備或準備不足的人來說，機會卻是過站不停的列車，永遠沒有讓他們搭乘的可能。

「臺上三分鐘，臺下十年工」，一分的累積雖然短期內無法收效，但卻能在關鍵時刻展現「養兵千日，用在一時」的力量。Kobe把球衣從8號換成24號，是想提醒自己24小時都要努力，不能有絲毫懈怠。Kobe說：「24號的意義就是24小時，我希望把自己的所有精力都投入到籃球當中，這就是我選擇24號的原因。如果不能全身心認真投入，我就不是Kobe，24是我的最佳詮釋。」

一件「只有責任沒有權力」的工作，通常吃力不討好，不太有人願意接手，這時候如果你將它視為一個自我挑戰的機會，在大家都放棄的時候，你就比別人多了一分成長。

成功的人常常保持成長與精進的熱忱，主動擔負起各種責任；常常和別人溝通，交換彼此的意見；並且安排時間參加各式講習及訓練來充實自己。所以一旦機會來臨，他們立即就有充分的能力可以大展身手。

通常只有在遇到實際的狀況時，才能分辨出你是否達到勝任那份工作

應有的門檻。如果你是一個外科醫生，就要等進行手術時才能判別你是否醫術不佳；如果你是一名廚師，則要到你遇上具有難度的菜單時，才能證實你的廚藝程度。所以，能評斷你能力的裁判不是你的老師、你的客戶或你的朋友——而是你自己！自己的實力其實自己心知肚明！

在行動之前，你自己其實早就知道是否足以擔負起這個任務。你可以想盡辦法掩飾你的無能，並祈禱沒有人會發現你的知識不足、技巧生疏。但終究你還是得面對自己的無能與不足，也必須自己想辦法改善，時刻督促自己成長、強迫自己增強能力，鑽研自己的目標領域，認真研讀、仔細觀察、專心聆聽這領域中頂尖人士的言行舉止，並學習他們的作為。

一位熱愛音樂創作的吉他手芬希，四處向唱片公司毛遂自薦卻屢屢遭拒，某天在紐約市區被一輛豪華轎車撞倒在地。「誰」合唱團的首席歌手羅傑・戴特里從車上跳下來探視，芬希表示身體沒有大礙，只是擔心袋子裡的Demo帶受損。戴特里於是邀芬希上車試聽帶子，沒想到聽了之後驚為天人，之後即讓芬希參與他的新專輯，發行了多首空前暢銷的創作歌曲。

要讓自己總是維持完備狀態，就要常和目標、理想或工作領域的最新趨勢和最新動態「保持聯絡」；參加新的發表會、展示會、討論會或其他各種集會。敏銳地觀察相關的新趨勢、新發現，隨時「Google」一下（在中國的話則是「百度」一下），記得關鍵詞彙要不時更換；睡前閱讀相關書報雜誌，你將會為從中發掘新的可能而興奮莫名，因為你善用今日的每分每秒，已為明日的人生規劃了更完善的方向，並有豐沛的資本，足以讓降臨你人生的每個偶然，盡數轉化為推進成功的必然。

羅馬絕非一日造成，準備好雖然不一定有機會，可是如果不準備好，

157

就永遠沒有機會！

海明威（Hemingway）曾說：「運氣好當然是好的，但我寧願做好萬全的準備。」不論是何種困境與阻礙，有準備的人都能泰然面對，將心力投注在研發解決之道上面，所以很快就能再次步入正軌。此外，有準備代表自己已經足以應付許多挑戰和質疑，自然就會生出銳不可擋的信心，一旦信心充沛，顯現出來的力量自然就令人刮目相看。

Kobe從年輕時打球是靠著體能以切入撕裂對方防線為主的打法，而到了後期為了克服因年紀體能受限的制約開始利用急停跳投、後仰跳投、低位單打等等數不清的技藝令防守者難以捉摸，因為他「不認輸」的執念，二十年的自我要求從不馬虎，更是用瘋狂嚴以律己的標準對待自己，驅使著他不斷在進步。機會是留給準備好的人，不要怨懟不受機遇青睞，而要每天一點一分地累積實力，維持在備戰狀態，才能在下次機遇敲門時，胸有成竹地以你的「即戰力」迎接成功。

回歸原點，反能跳得更遠

即使球技與名氣早已經響徹雲端，都不曾因此自滿，仍然不放棄能進步的任何機會，這或許也是那麼多人尊敬Kobe的原因，更是他成為NBA傳奇的關鍵。

凡事空杯心態去學習，你將會有意想不到的收穫。歸零心態，是指在工作或生活中無論遭遇成敗或悲喜，都保持著一顆平常心，一切從「零」開始；即使自己本領出眾、眾口交譽，都維持著謹慎與低調，把喝采聲當成持續耕耘的背景音樂。歸零心態不是消極避世，而是更瀟灑、更從容、更積極地面對環境的變遷、競爭的考驗與人生的挑戰。事實上，成功的

背後往往暗藏著一瓶毒藥，它會使人一味沉浸在喜悅與自滿裡，被勝利沖昏頭而難以自拔、故步自封，進而葬送大好前程。維持「歸零心態」的重要，可簡略說明如下：

❶ 「歸零心態」有助於定位人生的座標

如今失業率越來越高，初出校園的畢業生就業不易已是一種普遍的社會現象。仔細分析，心態問題也是求職失利的部分起因。有些畢業生在校表現卓越，自恃本領高強，才高八斗、學富五車，以為掌握豐富的理論知識、持有名校的學歷文憑，就能輕易找到好的工作；因而在求職碰壁時不能降低身段，不願在重視實作能力的職場中從「零」學起，結果往往就在職場生涯中漂流沉浮，苦尋不著未來的定位。若能放下求學時的光環，就能以謙卑之心，瞄準人生座標，在適當的象限裡紮根學習。

❷ 「歸零心態」有助於獲得更大的成就

子曰：「如有周公之才之美，使驕且吝，其餘不足觀也已。」當工作上表現出色時，絕對不能沾沾自喜、居功自傲，而要深切體認到你還是你，今後仍得戰戰兢兢持續耕耘，追求更高難度的挑戰，並且避免過度依賴舊有的經驗與成績，致力於思維與做法上的創新，在更高水準上發揮自己的才能，展現自己的價值。不為小事自滿，才能在大事上圓滿。

❸ 「歸零心態」有助於創新與科技（R&D）的進步與發展

每當一項科學發明誕生時，歸零將是走向更高端科技的開始。「歸零心態」意即空杯心態，也就是虛懷若谷地重新學習，在更高水平上踏實地

深層研發。如果覺得第一次的突破比較容易，第二次的成功卻遭遇瓶頸，關鍵就在於不能歸零。如果認為「好的」已經出現，要創造「更好」將之超越，自然會感到挑戰重重；因此必須將所有經驗及頭銜光環歸零，認為現狀「還不夠好」，即可不受既有環境的影響和思維的束縛，在想法與做法上就能更大膽、更自由、更創新。

「歸零心態」能使得人生更加輝煌

當我們在某次競賽中取得佳績後，下次比賽時一樣要從頭來過，因為每次比賽都是獨立的挑戰，上一次的冠軍風采，反而可能成為下一次的累贅包袱。例如被譽為「國球」的棒球能常勝不衰或逐漸走下坡的關鍵，主要的一點就是教練和球員們，能不能在贏球的歡騰之後，將心態即時歸零。「臺灣之光」王建民當年曾說：「我每一場球都想贏，我一球一球投！」因為他在每次出賽前，都讓自己回歸初始，因而兢兢業業、謹慎戒懼，當作自己是第一次上場投球一樣，所以今後王建民能否在美國職棒大聯盟持續締造不朽佳績？心態能否歸零將是首要因素！

俗話說：「失敗為成功之母。」歸零，可以讓一件曾經因為心態失衡而導致失敗的事情捲土重來，不受怨言繫絆，記取失敗的教訓，避免重蹈覆轍。「日本新經營之神」鈴木敏文，現任日本柒和伊控股公司首席執行長，他之所以能承繼松下幸之助的美譽，在經營界擲下一枚震撼彈，「歸零心態」扮演著不可或缺的角色。鈴木敏文自大學畢業後，做過各式各樣的工作，無論事情多麼簡單、繁雜，他都能回歸起點，虛心學習，把基本功做得完美盡善。後來他輾轉進入日本第二大圖書經銷商——東京出版販賣株式會社（東販）任職編輯，即在短短七年間榮升總編輯，其成就

令人稱羨。儘管他的事業如日中天，但三十歲的他毅然決然摘下總編輯的光環，進入伊藤洋華堂，首度接觸零售事業，再一次掏空心中雜念潛心學習。在一次赴美考察後，他發現了便利商店的商機，當時日本盡是一片不看好的聲浪，但他仍舊力排眾議，引進美國的便利商店經營模式，於一九七三年成立第一家日本7-ELEVEn，兩年內廣設一百家分店，並迅速竄紅成為全球最大的連鎖便利商店集團。

　　面對情勢的不支援，歸零有助於我們將自己心中那杯已長滿青苔的死水倒掉，以承接人生過程中新注入的清泉。要知道唯有歸零後，才能對整體狀況做通盤瞭解，避免挫折再次發生。有「新臺灣之光」之譽的棒球選手倪福德，在二○○八年北京奧運賽事中表現出色，頗受底特律老虎隊的青睞，一舉登上小聯盟的國際舞臺；一般選手必經1A、2A、3A的過程，倪福德卻跳級晉升3A。

　　二○○五年，倪福德曾在一場對日賽事遭到挫敗。心灰意冷的他，在經過沉澱之後，決定從零開始，重新磨練自身的技術，終於練就速度驚人的「變速球」。除了技術之外，他也讓心態重新歸零，拋開過去的戰績，只看到眼前的戰局。「不管局面再爛，隊友再不好，我下一球也要像第一顆一樣，盡力投好。」這種無視壓力與環境的高度沉穩力，正是來自倪福德「永遠把眼前的球當成第一球」，穩紮穩打，終於投出人生的全壘打。誠然，在事業的拓展上必須保持「歸零心態」，而在人際的溝通、夫妻的相處、子女的教育等方面遭遇挫折時，也必須泰然處之，回歸初衷，不因一時的溝通失敗或口角衝突，而讓彼此的關係蒙上縈迴不散的陰影。

培養「歸零心態」的步驟 🏀

其實，人類是情感的動物，要保持「歸零心態」無非是一種挑戰，談何容易？此種能力並非與生俱來，需要靠我們的自覺培養。認清歸零的重要性，即是培養「歸零心態」的前提。接著，再利用下列幾種方法鍛鍊「歸零」的基本功：

1 對成就「吹毛求疵」

當置身於彩球與聲光的大肆慶賀之下，我們難免會對成就得意忘形。「得意」固然是提升自信的要件，但要記得在歡慶過後，對自己的成就「吹毛求疵」，找出還有進步空間的項目，作為未來衝刺的軸心。

2 對挫敗「刻意放水」

許多人嘗試「歸零」的最大障礙，就在於過度放大挫敗的規模與影響，認為曾經的出醜或失誤，都是人生中難以抹滅的汙點。流淚過後，就要對自己的挫敗「刻意放水」，用各種安慰語句減輕錯誤的主觀責任。

3 從經歷過的事件中學習經驗和教訓──勿忘曾經的刻骨銘心！

華碩南崁廠廠長陳榮華曾說：「一定要放下身段，才有學習空間。」常保「歸零心態」，並不意味要與過去的一切告別，而是懂得謙卑地汲取歷史中的精粹，拋卻那些影響情緒的雜質，讓自己曾經親身遭受的挫折與痛苦只留在當下，而非蔓延到未來。

④ 不斷提高自己的情緒涵養

隨時韜光養晦，懷抱大智若愚的態度，不斤斤計較，「不以物喜，不以己悲」，時時保持平常心。當心靈能不輕易被外界震盪的同時，每踏一步就能假設又重新歸零了，用最原始的自我迎向未來。體重計上的指針，在正常狀態下總是指在「零」的位置。如果它往右偏斜，秤重結果就會高於實際體重；如果它往左偏斜，顯示的數字就會比實際體重來得輕。這就如同尚未達成歸零心態的人，如果沉溺於往日的美好，對自我的評價就會名過於實；如果謹記著昔時的挫折，就會低估了自己的潛能。歸零心態是一種挑戰自我、永不滿足的態度，隨時對自己擁有的知識和能力進行重整，為新挑戰、新視野與新思維的進入騰出空間，成功將指日可待！

主動出擊造機運，當創造機會的第一等人

第一等人，是創造機會的人；

第二等人，是掌握機會的人；

第三等人，是等待機會的人；

第四等人，是錯失機會的人；

你是第幾等人呢？

成功，往往就是屬於創造機會的第一等人。

所謂的「幸運兒」，就是指出生時便含著金湯匙的人（就我所知：臺灣史上大概只有辜振甫與連戰，可以稱得上是出生時含著金湯匙的「幸運兒」）。而平凡如你我者，赤裸裸地來到這個世界上，哭訴也罷，抗議也罷，金湯匙或銀湯匙也不會從天上掉下來，所以機會只有靠自己去創造。唯有經常汲取新知，並擁有隨時備戰的心態，才能隨時替自我締造機會！

一般人一定會問：「如何創造機會呢？」

其實最簡易的捷徑就是在自己的工作或使命上全力以赴，在每一個環節與細節中展現專業，就是在創造機會！

在此先說個上海昆山所發生的真實案例。有三個人在一家科技產業當平凡的上班族，他們分別是小李、小吳、阿偉。小李雖然擁有滿腔抱負，但始終沒有得到主管的賞識，他常想：「如果有一天能跟總經理見面，就有機會大展長才了。」不過，他依舊沒有盼到那一天。

而小吳也有相同的想法，只不過他比小李更多了點行動。他先打聽總經理的上下班時間、用餐時間、何時會搭電梯……等資訊，然後在時間到時準時現身，向巧遇的總經理點頭打招呼。可惜的是，除了這種禮貌性的互動，他們並沒有進一步的交談。因此，小吳仍然繼續當他的平凡上班族，沒有被升職加薪。

反觀阿偉比他們更積極，事先做足了充分的功課。他瞭解總經理從基層到現在的奮鬥經過、畢業於哪所學校、與哪些人關係良好，以及總經理最關心的議題等，並設計幾句特別的開場白以吸引總經理的注意。後來，他每天都算準時間，與總經理一同搭電梯上樓，雖然時間短，但他總能和總經理聊得很開心，並且以其獨到想法頻頻獲得認同。經過一段日子，總經理找他關室面談，聽完他對公司的建言與貢獻後，不久就為他爭取到部門主管的職位。正所謂「愚者錯失機會，智者善抓機會」，而成功者呢？他們則懂得創造機會。上述故事就是應證了這項道理。

廚師絞盡腦汁把每道菜都做得色香味俱全；客車司機與飛機機師在專業知識充分的前提下安全駕駛；做「土水」者聚精會神，絕不偷工減料（讓我想起了曾在樑柱內部簽名以示負責的遠雄集團董事長趙滕雄），作

家努力寫出更理想或更感性的好文章……。當他們都在為別人的安全、幸福與快樂而奮鬥的同時，也為自己創造了機會。

美國革命之父富蘭克林年輕時，在費城為一碗飯而苦苦掙扎，他周遭的人都認定這個年輕人必定前途無量。因為他是如此全心全意地投入他的工作——雖然他只是一個印刷廠的工人。但只要他經手的工作，品質必然比別人出色。客戶紛紛指名要富蘭克林負責印他們的書稿（當時的富蘭克林就好比現代版的ISO9000系列品管標準一般）。富蘭克林那只容得下一個床位的小房間，床頭上貼著他的座右銘：「如果你只是一個負責沖洗甲板的工人，你也得好好做，宛如海神隨時都在背後監督著你一樣！~狄更斯名言。」

後來，富蘭克林果然創造並抓住了不少機會而扶搖直上，成為別人眼中的「幸運兒」，其實，富蘭克林的際遇豈是幸運二字足以概括？誠如拿破崙‧希爾的《思考致富聖經》所言：「幸運之神終究會光顧世上的每一個人，但如果祂發現這個人並沒有準備好要迎接祂時，他就會悄悄地從大門走進來，又悄悄地從窗戶溜走了。」

有句話說「高度決定事業」，就是說明了高起點為成功打下好基礎的道理。站在巨人的肩上更容易取得成功，現代商場已是科技和資訊較量的時代，從微軟到Google，從藍海到雲端，我們都可以看到科技的力量，起點的高低可以看出一個企業可以走多遠，一個人具備什麼樣的基礎，就能看出未來可以取得多大的成就。無數的例子都能證明這個不朽的真理。正所謂「磨刀不誤砍柴工」，準備好了再上路，就能主動把機會握在手中。

欲創造機會，達到成功，首先必須做足功課，對想要努力的目標做好

萬全準備。再者，永保追求新知、學習的熱情與積極的心態。知名日劇《派遣女王》就在闡明主角擁有各種證照，諸如駕駛交通工具、語文檢定、金融證照……等。各種你所能想到的她都會，也因此她的能力總是令雇主豎起大拇指，任何工作都能輕易上手，遊刃有餘。由此可知，她為自己創造了多樣化的就業機會與技能，因而免於失業的困境，甚至成為職場的當紅新星。「活到老，學到老」，人們終其一生都要不斷努力、充實自我，才能增加競爭力，為追尋目標開展出更多機會。

最後，就是勇於出擊。正所謂「萬事皆備，只欠東風」，在擁有一切實踐目標的條件後，接著就要主動出擊，搭配積極的行動力，最終在邁向終點目標的旅程中傲視群雄！

7

Kobe Bryant の「無懼」

If you're afraid to fail, then you're probably going to fail.
~Kobe

如果你害怕失敗，那你很有可能會失敗。

Kobe Bryant認為，一個人最大的恐懼，源於自己。不是外部的，不是超自然的，而是來自自己。

在Kobe那個單打好手如雲的年代，區分一般球員與球星的界線，便是各種攻守技巧的精熟程度，而名人堂和球星的界線則是心理素質的強韌，這正是Kobe展現得最淋漓盡致之處。面對各種防守，像是大鎖級的Shane Battier、Tony Allen等，或是針對性的包夾甚至三夾，Kobe都抱著摧毀對手的無懼態度投出每一球；在球隊需要人出來主宰賽場的關鍵時刻，Kobe也是一肩扛起、果斷出手，生涯中的壓哨致勝球數多不勝數；對上其他偉大球員時，更會拿出驚人的表現來證明自己，像是2003年對上巫師隊的籃球之神麥可·喬丹的比賽中，攻下了55分；又或是2013年在休士頓的那場明星賽，對著正值巔峰的LeBron James送出兩記封阻。Kobe無懼任何挑戰、見神殺神的狂傲姿態讓每一場有他的球賽，都無比精彩。

世人對Kobe的批評從未止息過，別人說他靠自己無法奪冠，他就用二連霸來回應外界的質疑，始終堅守自我。別人說他投得太多了，他則回應，機會來了還是會出手，好比他曾過說：「比起九次出手都落空，我寧

167

願30投0中，因為9投0中說明你被自己擊垮了，你已經不在比賽的狀況內，唯一的原因就是你失去信心。」堅守自我，面對挑戰從不畏懼，抓住機會證明自己，這就是Kobe Bryant。

Kobe不在乎世人批評，甚至將其轉換成每一次成長的機會，且在過程中都不曾迷思自我，始終用他的方式證明給世人看。其超乎尋常的好勝心，加上日積月累的瘋狂訓練，讓他總能投進關鍵的決勝球，不然就是在第四節帶領球隊逆轉比數，後仰跳投、試探步過人、假動作投籃、底線反手扣籃都是一氣呵成，讓人感受到一股無所畏懼的英雄氣勢。

面對恐懼並去挑戰它，一旦成功，此次的經驗將是未來最好的勇氣特效藥。

「仁者無憂、智者無惑、勇者無懼」這三條是成功者需具備的特質，勇者無懼是只要公義之所在：心胸昭然坦蕩，人生沒有什麼恐懼。在現實生活中，許多人恰恰是在需要表現勇氣的時候缺乏勇氣，比如在面對自己的失敗時、面對自己的錯誤時、面對自己的貧困時、面對自己的挑戰時、面對自己的痛苦時、面對危險時、面對正義和邪惡較量……等等。所以一個人是否為勇者，在平時是看不出來的，只有在關鍵時候才會展現出來。Kobe Bryant說：「領導這件事是一個敏感的話題。很多領導者失敗，是因為他們沒有足夠的勇氣去打破現狀、振奮人心。在我的生涯中，我從沒有這種擔憂。」（The topic of leadership is a touchy one. A lot of leaders fail because they don't have the bravery to touch that nerve or strike that chord. Throughout my years, I haven't had that fear.）

只要敢去做，沒有什麼不可能！

拿破崙・希爾在他十幾歲的時候，做了一件奇特的事——他買了一本內容實用的字典，第一個查閱的字便是「不可能」（impossible），然後，用剪刀把它剪下來，丟到垃圾桶，並對外宣稱：「在我的字典裡沒有『不可能』這個字。」他認為成功只會降臨在有「成功意識」的人身上，而失敗只會找上允許自己有「失敗意識」的人。把「不可能」這個字剪掉，是拿破崙對自我宣誓的舉動——告訴自己只要有勇於行動的膽識，沒有任何事情是不可能的，的確，許多看似不可能的事情，大多是因為我們根本沒有採取行動，或是沒有竭盡全力，致使它成為不可能，但只要去做，萬事都有可能。

成功者往往不知道什麼是恐懼，更不知道「不可能」為何物；他們擁有把握成功的膽識，在困難與災禍來襲的當下，就用自信的雙拳將其一一摺倒。

膽識是把握成功的關鍵，成功往往屬於那些決策大膽、行動果敢的人。在以膽識闖出一片天之前，便以隨時備戰的心態增進自己，Kobe之所以能有現今的成就，就是因為他致力充實自身以創造機會，在逆境中，思考另一種能讓自己突破瓶頸的方式，種種努力，都是在為自己創造機會。

什麼是「膽識」（guts）？膽識並不是莽撞無知的匹夫之勇，不是《論語》中「暴虎馮河」、「死而無悔」之流；膽識是在認清問題的規模與風險之後，經過縝密思考，義無反顧地犧牲當前的安穩，接受超出自身能力範圍的挑戰，正如《論語》中奮勇進取與有所不為的狂狷之輩。

清末的商界奇人胡雪巖曾說：「一個人成功要靠四識：知識、常識、

見識、膽識。」前行政院長劉兆玄一次在中山大學畢業典禮致詞時,他勉勵畢業生要有「五識三C」,五識分別是「學識、常識、見識、膽識、賞識」;三C則是「Challenge(挑戰)、Change(改變)、Chance(機會)」。日本著名漢學家安岡正篤先生同樣認為:「知識只要翻開百科全書或字典就可以學到,既沒有必要強記,也無需填鴨式地過度汲取,否則也只是流於常識豐富而已。比吸收知識更重要的是將知識組合成有條理、有邏輯的信念,變成比知識更有用的見識;不過即使擁有見識,倘若不主動實行這些理念,對提升自己的助益還是不大,因此有必要將見識提升為膽識,也就是轉化為執行力。」

「鴻門宴」中,項莊以舞劍助興為名,實際目的卻是要取劉邦的性命,在此危機關頭,張良見大事不妙,趕緊通知一同前來的猛將樊噲,樊噲手持武器直闖大帳,怒目而視、氣勢逼人,項羽驚問來者是誰,在張良介紹後,項羽賜與樊噲酒與生豬腿,樊噲以盾牌為案,用寶劍為刀,不一會兒就將豬腿吃下肚。此舉震懾住了項羽,令項羽心慌無比,心想此人如此兇猛,雖然帳外有四十萬大軍,但對方離自己僅有咫尺,經過一番權衡後,項羽始終不敢下達殺劉邦的命令。在這最關鍵兇險的時刻,因樊噲的勇武與膽識威嚇住對手,使整體局勢轉為有利於己;膽識的神奇威能,創造了以弱勝強、以少勝多、以一人勝四十萬大軍的歷史佳話。

大家都知道知識很重要,常識、見識不可少,卻往往忽視了膽識。古語有云:「讀萬卷書,不如行萬里路」,點出常識與見識的重要性,但有了知識、常識和見識並不能保證你能成功,你還需要有膽識,也就是擁有敢於行動的勇氣和膽量,從實踐中獲取真知;擁有膽識後,就沒有什麼事是不可能辦到的了。也就是說,知識能改變命運,常識引導生活,見識指

導工作，膽識成就事業。

像美國微軟公司的比爾・蓋茲、蘋果電腦的賈伯斯，都是沒唸完大學就創業的人，他們憑著一股無比的膽識，冒險挑戰未知領域，最終成功證明自我。

冒險，曾經是個經常與「失敗」、「魯莽」、「意氣用事」等負面辭彙相連的名詞；但其實冒險也經常和成功相連結。美國麻省理工學院教授，也是全球知名經濟學家梭羅（Lester Thurow）曾說：「有膽識的冒險，雖然有失敗的可能；但沒有冒險的膽識，注定會失敗。」縱觀歷史不難發現，如果人生中缺乏冒險性格，就會失去許多機遇的青睞。Kobe曾接受過某專訪，主持人問道：「你覺得運動員在面對退休、轉換跑道時，什麼對他們來說是最困難的？」Kobe說：「害怕去嘗試新的事物。」他以自身為例，打了足足二十年的籃球，成就到達一定的高度，退休就等於要丟下這一切、重頭來過，這就好比你攀登一座高峰後，勢必得回到山腳下，才能再面對另一座高山，且我們不知道會有什麼困難。

Kobe坦言自己在剛退休時，也曾感到恐懼、迷惘過，但他隨即轉念，試著回想阿基里斯腱受傷時，他是以什麼心態來面對這件事情：「職業生涯就此結束，亦或是收起負面情緒，Just do it。」而Kobe毫不猶豫地選擇後者，無所畏懼、正面迎擊每個人生階段。

縱覽古今，凡是取得成功的人，都是因為他們相信自己能夠完成艱鉅的任務，絕不會因為眼前的障礙而失去前進的膽識，進而勇敢地在顫抖中成長。

穆罕默德・阿里（Muhammad Ali）是一位叱吒風雲的職業拳擊手。當阿里第一次走上拳擊臺時，瘦弱的他令觀眾認為，他不出五個回合就會

被對手擊倒。然而，就是這個大家不看好的年輕人，在他一生61場比賽中，創造了56勝5負的拳壇神話，成為拳擊史上第一位三度奪得世界重量級的冠軍，更受美國的《體育畫報》雜誌評為二十世紀的運動大師。他說過：「『不可能』只是別人的觀點，那只是挑戰，而絕非永遠。」

後來，萊拉·阿里（Laila Ali）出現在愛迪達（Adidas）的廣告片中，她就是拳王阿里的女兒。原來拳王阿里的女兒也打拳！她甚至與父親在拳擊臺上同場競技，演繹了另一個「挑戰不可能」的故事，她在廣告中說道——

「我是萊拉·阿里，我是一個職業拳擊手。我身上背負著三條世界重量級拳王金腰帶；職業生涯的戰績是16勝0負，曾13次擊倒對手。我想我面對的最大挑戰就是：成為萊拉·阿里，而不是永遠被人稱為穆罕默德·阿里的女兒。告訴你們，我的父親是個大男人主義者，他甚至不喜歡我穿短褲和運動服。但是，我從不認為女人和拳擊相互矛盾。我想成為一名戰士，同時也是一個讓人激賞不已的漂亮女人。」萊拉·阿里這樣解釋自己的選擇。

至於她的父親老阿里，每次看完女兒的比賽，都會對她說：「妳是最優秀的！」萊拉·阿里贏得無數勝利，面對榮譽，她這樣回答：「有人說女人不該打拳擊時，你認為我會怎麼做？是的，我現在是世界上最知名也是最優秀的女戰士。當人們走向我，告訴我他們受到了鼓舞，讓他們相信，世上沒有不可能的事，我的心情棒極了！我感覺到自己的價值，我必須繼續做得更好。」

萊拉的職業生涯完美無瑕，在2007年2月3日南非的世界女子拳王衛冕賽，萊拉僅用了56秒便擊倒對手歐妮爾。生涯征戰24場勝無敗績，21

次KO對手，這讓她獲得一統女子職業拳擊超中量級世界冠軍（WBC、WIBA、IWBF）並多次衛冕的榮譽。拿到一系列榮譽後，於2007年7月結婚，選擇在最榮耀的時候退役。

行動才能改變命運，創造成果

一直以來，我常聽人家說：思想要改，潛意識要改，要先有成功的思想，要我們擁有正面積極的思考模式。我想了很多年，最後才發現結果還是沒有改變，原來是他們都說錯了；現在我在演講授課的場合中總會說明，不要只是強調積極思考或正向思考，光憑思考是不會產生結果的，只有行動才會產生結果，不要等思想改變行動，很多人認為思想改變了結果就會跟著改變，這是錯誤的。如果只是片面強調積極思考、正向思考，卻不去正視採取實際行動的必要性，很容易就讓人淪為「思想的巨人，行動的侏儒」，你的生命並不會因此產生更好的改變。

2017年采舍集團王晴天董事長舉辦世界華人八大明師，因為有缺主持人，我主動出擊毛遂自薦，成功取得擔任2017世華八大明師總主持人的機會，幸好我表現得還不錯，受到王董事長的青睞與栽培，接下王董事長培訓事業的棒子，成為他的接班人，更成為2018 年世華八大的其中一位講師，也才有機會出版我的第一本著作，所以主動出擊，馬上行動，主動追求你要的人脈，想辦法接近他，並與他發生關係（我和王董一開始是師生關係），而且這一切不光光是主動出擊這樣就好，你還要馬上行動，因為想要成功的人很多，你行動晚了，機會或許就是別人的，「主動出擊＋馬上行動」才是關鍵。

成功者都是在事情還新鮮時就立刻去做，只有立即行動、馬上行動、

現在就開始，才有可能成功。當你在猶豫的時候，別人已經在行動了，等人家功成名就時，你說那個方式可以做，但是機會早就過了，也沒有必要去做，猶豫不決比「去做，但失敗了」的結果還嚴重，因為你去做，做錯了、失敗了，至少你知道這條路是不對的，還有修正的參考價值。

凡事都有兩面，不是正面就是反面，多看看可以為你帶來好處的那一面，積極思考，馬上行動，重點不是成功或失敗，而是去做的感覺，行動才能改變命運。

請問你相信每天對自己說正面的話語，能對你產生改變作用嗎？以前我曾經聽過一個實驗，科學家分別對兩棵樹講話，天天對著A樹讚美鼓勵，於是那棵樹長得又高又壯、生氣勃勃，另外的B樹則天天罵它或講負面的事，結果那棵樹樹葉漸漸枯黃、死氣沈沈。也有畜牧人做實驗，天天放音樂給乳牛聽，結果乳牛的奶量多品質又好。

所以，你每天要對自己說一些正面的話，例如，「我的客戶都會喜歡我」、「我的客戶都很信賴我」、「我的新事業是有前景的」、「我這樣做過些時日就能搶得先機」、「公司的新計畫是對員工和公司發展很有利的」……，所以你要常常做「想像做到好像」的練習，有「想到」加上「行動」一定可以做到的。

我認為僅僅思考不會改變結果，只有行動才會改變結果。很多人說思想只要改了，行動就會改了，這是錯誤的，因為即便思想改了，許多人還是處於靜止模式。舉例來說，我在課堂上問學員：「你們認為運動重不重要？」大家都認同說很重要。我再接著問：會每天運動的學員人數有多少？結果卻只有不到一半的人數做到。這顯示出什麼？

這表示就算你在思想上十分認同運動的重要性，但只要你不以實際行

動去落實、貫徹它，結果將沒有任何本質上的不同。以此推論，再積極正面的人生思考，只要沒有行動的配合，一切都只是空談而已！

那麼問題來了，採取行動很難嗎？如果以運動當例子，我會告訴你，你去運動就會體驗到運動能帶來無比的舒服和精神力，而當你運動了一段時間後，就能發現自己體力變好了，人也格外地有活力了，慢慢地你就深刻領悟到「原來運動很重要」這句話是真的，並且養成自動自發運動的好習慣，見證「運動」這個行動帶來的「體能改善」這個結果！

許多時候，我們必須用「行動改變思想」，而不是以思想去改變行動，若是枯等思想改變行動，很多年後可能依然沒有任何改變，但只要以行動帶動思想的改變，很多事情的發展局面或結果會立刻出現不同的變化。這也就是行為學家所證實的：「肢體狀態的行為模式能改變一個人的大腦的思維模式。」

為什麼行動了就會理解？這就好像是你當了爸爸之後，才會知道你父親以前為什麼那樣對待你、要求你？當了媽媽後，你才瞭解當媽媽有多不容易，你當老闆了，才領悟到昔日老闆的營運艱辛。在現實生活中，思想上的理解程度和行動的落實程度，並不是正相關的關係，尤其企業團隊的實務運作中，你可能經常要面臨「以行動帶動思想改變」的狀況，例如推行一項決策，員工可能體會不到重要性，若是又遇到團隊成員的基數過大，你難道要千辛萬苦召集所有人來參加為時漫長的說明會嗎？倒不如簡單扼要說明決策的核心用意，下達操作步驟，直接讓他們採取行動、讓他們去執行，反而能在行動過程中理解到貫徹這項決策的重要性。

只有在行動中，我們才會認真去想要如何行動，朝哪個方向行動，又好比在練習打靶時，不斷的練習是達到百發百中的唯一捷徑，一定要先開

槍再瞄準，先行動再修正，不然要如何得知自己哪個動作偏了，哪裡瞄準的不到位……只有不斷透過練習你才能找到命中靶心的手感。

我們有時候會太在意結果，反而失去行動的勇氣，其實只要抱著有行動就是進步的念頭，不斷動作不要去想結果，當你不在意結果的時候，很多挫折是打不倒你的，因為你原本就沒有失敗的想法，如果一旦有成績出現，那也不過是行動產生的收穫罷了！

當目標達到預期的結果可以開心，但只要開心一下下就好了，我們如果能做到不讓結果來左右我們的情緒，不因一時的阻礙而萌生負面情緒，不再行動下去，也不會成績很好就想休息一下，明天或下個月再繼續努力，這是不可取的。不管結果如何都不能讓行動有任何改變，該一天拜訪五位客戶就確實落實拜訪五位，不會因為第一位客戶拒絕你，就不去拜訪或是拖延拜訪，甚至是害怕拜訪下一位客戶，如果能確實做到無欲則剛的境界，你就能做到讓行動控制一切。

唯有馬上行動，才是成功的不二法門，怎樣才能成功？有人說最重要的是要有目標，所謂「心有多遠，就能走多遠」，因為目標可以指引方向，可以不斷激勵我們前進，有了目標，我們離成功就不再遙遠，但是有了目標，不去執行又如何，於是有人說，最重要的是要有毅力，只要自己堅持不懈，就一定會成功，若拿出愚公移山的精神，有什麼事情是辦不到的呢？

當我們面臨困難和困境的時候，總會覺得最重要的是方法，所謂「工欲善其事，必先利其器」，認為好的方法可以發揮事半功倍之效，於是積極尋找最有效的方法，結果總是在目標與方法中尋覓，一無所得，直到最後，我們才發現，原來最重要的是「行動」，所以別當思想的巨人，行

動的侏儒,馬上行動!想一想,有多少事因為我們沒有馬上行動而置之腦後,一個難得建立人脈的機會,如果沒馬上行動,最後的結果一定懊惱不已,每每回想起來的時候,就又提醒自己失去了原來的機會。

一個人之所以成功,關鍵不在於他的目標有多大,不是他的方法有多好,而是他的行動比別人多,遭受到別人的拒絕也是最多的,只有行動,才能談得上方法,也只有行動,才能達到我們的目標,行動使方法得以體現,得以改進。所以說,行動才能改變命運,懂得再多不去做也是枉然。

因為自信,所以無懼

Kobe Bryant說:「我會懷疑自己,我會缺乏安全感,我會恐懼失敗。我會在那幾個夜晚,在我喜歡的球場上現身時,想著『我的背很痛,我的腳受傷,我的膝蓋受傷。我沒有辦法了,我只想放鬆。』我們都曾自我懷疑,你不需要否認它,但你也不能夠向它屈服。你要做的是去擁抱它。」(I have self-doubt. I have insecurity. I have fear of failure. I have nights when I show up at the arena and I'm like, "My back hurts, my feet hurt, my knees hurt. I don't have it. I just want to chill." We all have self-doubt. You don't deny it, but you also don't capitulate to it. You embrace it.)

所以,要先相信自己,你才有可能做到,凡事抱持正面樂觀的想法積極行動,最終一切終究會被克服。

「你生命中所發生的一切,都是由你吸引而來」、「你自己本身就是一塊磁鐵,足以吸附任何期望得到的東西」、「你目前的生活就是你過去思想的展現」……這些吸引力法則的核心概念,其實早就被勵志大師華

勒思‧華特斯（Wallace D. Wattles）和拿破崙‧希爾所廣泛應用。古往今來擁抱成功碩果的各界翹楚，無一不知吸引力法則的力量，但更重要的是，他們親自運用意念，驗證了吸引力法則的力量！

不僅如此，這些觀點一直以來都潛藏在我們每個人的思維裡，只要我們相信意念的力量得以透過潛意識的轉換，便能取得目標的圓滿。不同的是：有的人發現了它的力量，並使之發光發熱，最終成功、擁有了財富；有的人則忽視它的力量，以致於一生碌碌無為。史上最暢銷的心靈勵志書《The Secret》，看似為成功學界投下一枚世紀震撼彈，其實它不過是透過成功人士的實踐與現身說法，再度印證這個千百年來運行不悖的真理，印證這個已經不再是祕密的祕密！

然而，從信念到成功之間的距離，或可曰長、亦可曰短，重點在於這兩者之外，還要強調一個實現目標的關鍵步驟——行動。

「心想事成」固然不錯，但更重要的是把你的夢想付諸實踐，這樣才能證明你的目標是否可行，你的能力是否足夠。

相信自己，才能把握命運 🏀

俄國作家高爾基（Maxim Gorky）曾說：「天才在於自信，在於自己的力量。」史丹佛大學教授卡蘿‧德威克（Carol S. Dweck）也指出：「如果我們相信自己可以改變，就一定做得到。」沒錯，自信是人們攀向成功的天梯，為我們灌溉永不鬆手的勇氣，面對任何情境，只要堅守著「相信」，再多的困厄都能雨過天青。許多人歷經一番坎坷奮鬥之後，仍不能獲得成功，敗在哪裡？敗就敗在他們在困苦挫折面前不夠堅定，不斷感嘆自己資質有限，成功機率渺茫。在場上的Kobe，眼神總是充滿自

信,當他心情低落時也不忘給隊友微笑,即使輸了比賽,他也會告訴球迷,不要因此失望,湖人隊還是會再帶著大家贏球。其實,每個人都是天才,當我們這樣認定自己的時候,就會懷有天才的信心,去做天才的事情,並在這種信心的驅動下去學習和成長。

如果你缺乏自信,可以運用以下幾種方法,來強化自信心:

① 不斷鼓舞自己

如果你每天對自己說「我嘛,本來就不行」、「我根本就贏不過別人」、「我真是一個廢物」……你會擁有什麼樣的表現呢?自然是思想消極、行動懦弱。因此,你要像成功者那樣,每天都對自己說,告訴自己「我絕對可以」、「我表現得真棒」、「這次做得真完美」之類的激勵話語,當你自我感覺良好,自信就會來到你身邊,提升你的鬥志,你自然就可以戰無不勝。

當然,這種信心喊話並不適用於所有人。二〇〇九年六月《經濟學人》(Economist)雜誌中一篇〈文字的智慧〉(Words of wisdom)即指出,最新的心理研究證實,這些「強迫性」的正向思考,對於自信極端低落的群體反而有害。因為他們並不認可自己的價值,認為自己與正向敘述背道而馳,反倒加強了對自己的厭棄。如果你發現這種鼓舞讓自己更加低落,請試著歸納出讓自己獲得成就感,或得到他人讚譽的事件,以具體的事證來增添自己的信心燃油。

② 將失敗歸咎於客觀原因,成功歸功於主觀原因

在失敗面前,悲觀主義者往往傾向於自責,他們會把所有過錯都往自

己身上攬；樂觀主義者則會尋找環境因素，找出天氣、客戶EQ和運勢等客觀問題。當獲得成功時，樂觀主義者會認為這是自己努力換取的回報，而悲觀主義者則認為是出於僥倖。學習樂觀主義者的主客觀歸因方式，就能避免不斷打壓自信，找到自我肯定的基石。

3 避免使用消極、否定的辭彙

要想保持自信，就要養成使用積極辭彙的習慣，拒絕自我抱怨和否定，將話語中所有的否定句和疑問句都改成肯定句，這將會在潛移默化中改變你的消極心理，一點一滴地建立起積極思考的習慣。

愛因斯坦在二十世紀五〇年代曾收到以色列政府的一封信，信中懇請他擔任以色列總統。有著猶太血統的愛因斯坦，若能當上以色列總統，在一般人看來，必然是榮幸之至。但愛因斯坦拒絕了，他說：「我一生都在與客觀物質打交道，既缺乏天生的才智，也缺乏行政事務的處理經驗，所以本人不適合擔當此重任。」愛因斯坦的決定非常明智，他非常清楚自己擅長什麼、不擅長什麼。其實所謂的「天才」，就是發揮個人特質，只要擺對了位置，找準了方向，就可以變成天才。每個人都有其獨特的價值，有的人拙於言辭，但擅長策略性思考；有的人擁有人際魅力，但不擅長規劃；有的人反應不快，但很有耐心和想法。每個人都要擺對自己的位置，如果讓拙於言辭的人從事業務，成功的機率想必不大；如果讓不具創意的人擔任企劃，恐怕也做不出亮眼的成績。因此，避開自己的缺點，找到自己的優勢，並使之發揚光大，就是選擇讓自己成為天才。曾憑「海角七號」打破全台國片票房紀錄的導演魏德聖，幼時就是家庭中最不出色的孩子，不僅不如二弟善於組裝修繕，為家裡的鐘錶眼鏡事業有所貢獻，就

連在校成績也是慘不忍睹；他唯一的喜好，就是編故事、想故事。直到服完兵役後，他才知道這樣的天賦，正是成為一個優秀電影人的基本要件！於是他開始發想劇本，四處籌錢拍攝短片，終於讓登上大螢幕的《海角七號》寫下國片奇蹟，並持續打造《賽德克‧巴萊》與《倒風內海三部曲》，一部一部釋放自己的天賦之才。

不斷自我確認與自我暗示

運動員在比賽中，會不時舉起拳頭用力揮一下，口中發出一聲叫喊，這正是在激發鬥志：「我可以打敗對方！」自我暗示能激發潛意識的力量，在無形中增強信心。「當你的腦中出現某個思想，就會吸引其他相近的思想。你是否曾經因為想到某件不愉快的事情，情緒就越變越消沉？那是因為，當你開啟一種想法，吸引力法則會立刻帶來更多同類的思想。於是不出幾分鐘，你就會吸引許多負面情緒，讓整個狀況變得越來越糟糕。」這種效應被稱為「吸引力法則」，其實這也是「潛意識」在作祟，雖然你的大腦清楚明白，但卻無法改變。所以我們要將正向的思維留在心中，把負面思想快速倒出，正面能量將自動向你靠近。對於一個追求成功與卓越的人來說，要讓自己貼近夢想，就必須為潛意識輸送更多有利於成功的相關資訊，使積極的心態、正面的思維佔據主導地位，甚至成為支配我們行為的直覺。同時，對於可能導致失敗的消極心態和負面思維，應該加以嚴格地控制，以防止其蔓延發展。潛意識需要不斷地自我確認和自我暗示，經由你反覆地練習、反覆地輸入，所有的思想和行為都會配合這種想法，朝著你的目標前進。

也有很多人試了這個方法卻不見成效，問題出在哪裡呢？因為他們一

方面在嘴裡大喊：「我一定能辦到！」但內心深處卻又在懷疑：「這是痴人說夢。」如果連你自己都在懷疑，自然沒有效果。你暗示自我的信念，一定要徹頭徹尾地相信，這樣，潛意識的力量才能發揮出來，你就真的可以達成。但有些人只看到了重複、默念自己想法的重要性，卻沒有看到「行動」的重要性，重複、默念，只是讓你保持良好的心態，接下來的行動仍然至關重要。

8 *Kobe Bryant* の「回擊」

Everything negative — pressure, challenges — is all an opportunity for me to rise. ~Kobe

每件負面的事如壓力、挑戰,都是一個讓我提升的機會。

　　Kobe的生涯並非沒有失敗,2004年F4拆夥後的重建期、2011年季後賽次輪遭到小牛的橫掃等,其中2007-08賽季總決賽碰上賽爾提克三巨頭,是Kobe自歐尼爾離隊後第一次晉級總決賽,結果卻以4-2落敗,遭到眾人質疑,Kobe的前三個冠軍是靠歐尼爾所拿下的,光靠他一人無法奪冠。然而,Kobe並未因此而喪志,他迅速調整自己並投入訓練,隔年先以4-1擊敗Dwight Howard領軍的奧蘭多魔術,再隔一年碰上老對手波士頓,在七場大戰中以場均拿下28.6分8個籃板3.9次助攻的全能成績擊敗了賽爾提克,捧起了生涯第五冠,並兩度拿下總冠軍賽最有價值球員。Kobe用行動回擊所有人的質疑,如此血性的黑曼巴收穫了大量的鐵粉。

　　Kobe輝煌的成就早已不容質疑,Kobe並不是因為他總是咬牙苦撐甚至是忍痛才得到今天的成功,而是他在受傷後努力復健,才能克服多次的傷痛,一次又一次的回到球場上。據統計,在其二十年的NBA生涯中,Kobe受過無數大大小小的傷,次數高達二十多次,右手三次、肩膀一次右膝三次、左膝一次、左右腳踝各四次……等,但每次他都是用積極、不放棄的態度回擊傷病。Kobe退役前的最後幾年,幾次的大傷直接重創其職業生涯,2013年阿基里斯腱斷裂、外側脛骨平台骨折、2015年右肩旋

轉肌群撕裂。阿基里斯腱斷裂影響到Kobe引以為傲的速度與爆發力，當時Kobe的阿基里斯腱受傷後，仍一跛一跛地走向罰球線，堅持罰完兩球才休息，因為他當時一心只想著球隊需要這2分，這樣的毅力也讓全場觀眾為之動容。而右肩旋轉肌群撕裂更影響到他的投籃動作，使得湖人隊的勝率低迷。即便是在球迷眼中近乎無所不能的Kobe，最終也走向因傷退休的結局，但Kobe不輕言放棄的奮戰精神永遠不滅！也絕對是籃球殿堂上無人能取代的黑曼巴！

只有真正放棄了，那才叫失敗

Kobe Bryant說：「我能接受失敗，但無法接受放棄。」（I can accept failure, but I can't accept giving up.）

歐普拉曾說：「人生沒有所謂的失敗，失敗只是人生企圖讓我們換個方向」。

電影《阿甘正傳》裡有句台詞：「生活就像一盒什錦巧克力，你永遠不知道會吃到什麼口味。」沒錯！我們永遠都無法預料明天會發生什麼事，下一刻我們無從預知，但是我們絕對可以秉持著一種思維：「人生中絕對沒有不可能，只有放棄！」

如果你越害怕面對，你就越不會成功。生命中的每個難關與瓶頸，都是讓自己成長學習的大好機會，沒有經歷過失敗的平順人生，才是最不值得誇耀的，挫折只是邁向成功的必經之路，走過大風大浪、被波濤淬鍊過的靈魂才會發光發熱。

有人說：「樂觀的人，從挫折中看到成功的契機；悲觀的人，從挫折中看到失敗的來臨！」

乙武洋匡的父母從不把他當殘障者對待，求學階段總將他送進一般的學校。他們從不刻意幫助他做任何事，自小就養成他不依賴人的獨立個性。乙武洋匡說：「既然有殘障者做不到的事，應該也只有殘障者才做得到的事。上天是為了叫我達成這個使命，才賜給我這樣的身體。」因為有這樣的使命感，考上早稻田大學後，他常與校方溝通，提出許多改善對殘障者不便的設施，並加入學校四周商店及社區附近的改造活動，更積極到各學校團體，甚至國會演講，以實際的行動推廣「無障礙空間」和「心靈無障礙」的公益活動，以寫作與演講，讓社會聽到來自弱勢團體的聲音。

　　他說：「殘障只是我身體的特徵，沒有必要為身體特徵而苦惱。奇妙的身體，是上天送給我最有創意的禮物。」他甚至認為，人生不會因為有手有腳就變得完美，也不會因為身體的殘障就注定了不完美。一九九八年，乙武洋匡出版了《五體不滿足》一書，讓人們可以透視他如何在生活中越挫越勇、發憤圖強，對許多在身體或心靈遭受挫折的人，產生了極大的激勵作用。

　　在生活中，我們常常會跌跤、摔落谷底，面對人生的低潮時，其實轉個念頭想想：「再壞，還能比現在更糟嗎？」就有可能慢慢「催眠」自己走出失敗的陰影。畢竟，人生中的每個挫折、每個失敗經驗都可以豐富我們的人生。

　　發明大王愛迪生出生在美國俄亥俄州的米蘭，其母南西曾經在加拿大當過小學教師，但結婚後就沒有再執教鞭，當了全職的家庭主婦，專心照顧孩子。愛迪生自小因身體不好動不動就生病，所以較晚才開始接受學校教育，他在課堂上總是愛問一些稀奇古怪的問題，令學校老師很頭疼也很火大，將他視為問題學生。於是，他的母親毅然決然地讓愛迪生在家裡自

學,自己教導他所有的功課和知識,同時鼓勵他讀書和做實驗。從這一刻起,完全改變了愛迪生的一生。

他年輕時就患有重聽的毛病,據說是因為他十二歲那一年,為了賺取實驗經費到火車上工作。他的工作是火車上的報童,有一天,看到火車上的吸煙室空著,取得管理員的同意後,他把實驗儀器和藥品通通搬了進去,開始一邊賣報,一邊做實驗的生活。十四歲時,他開始接觸新聞工作。他買了一部小型印刷機,設置在火車上的實驗室裡,自己採訪、編輯、校對、印刷以及販賣等。很不幸地,有一天愛迪生的實驗室失火了,正當他驚慌失措急著把火撲滅時,管理員跑了過來,生氣地打了愛迪生一個耳光。自此之後,愛迪生的右耳就漸漸聽不見了。

愛迪生一生中最大的貢獻,就是發明了電燈。他操作了一千六百多次耐熱材料和六百多種植物纖維的實驗,才製造出第一個燈泡。他常說:「我得感謝火車上的那位管理員,在這個嘈雜的世界上,是他使我清靜下來,不必堵著耳朵做實驗了。」愛迪生自己也說過,他沒有一項發明是隨機得來的。每當他發現一個值得投入精力、物力研究的社會需求後,就一次又一次地做實驗,直至成品誕生。這一切都歸功於他不怕失敗,越挫越勇、從失敗中學習的精神。

臺灣規模最大的房仲集團——永慶房屋,自成立以來經歷過三次金融低谷,其間房仲市場嚴重凋零,多家房仲同業接連陣亡,然而永慶房屋卻堅守陣地,在死水中激起活濤,於SARS期間首創「影音看屋」服務,看準當時人心惶惶不敢出門,讓客戶在家裡也能上網看屋,不僅突破了當時房仲業的頹勢,更逆轉了傳統房仲的走向,注入新科技的生命力。而這次武漢肺炎的疫情來勢凶凶,學生延後開學,TutorABC的線上學習平台的

使用率和用戶大幅提升。其實也是當年SARS扭轉了TutorABC的命運，當年為了因應疫情而投入開發了線上學習系統，才得以和競爭對手拉開差距，使營收翻倍成長。

我們知道許多成功人士，都是在失敗的淬鍊下成長，因為有失敗，才能寫下激勵人心的故事。談起打擊樂，第一個想到的就是臺灣打擊樂界教父朱宗慶，而他之所以有今日的成就，就是因為他從失敗中汲取經驗教訓，把每一次的挫折轉化成繼續向前奮進的動力。

他的成功是由一連串的失敗堆砌而成。當年他報考藝專音樂科時，不幸名落孫山，致使從小玩音樂的他重重地跌了一跤，但他告訴自己：「無論如何，我都不該輕言放棄最愛的音樂。」於是他說服父母讓他重考，並找出第一次考試失利的主因，除了提升技巧外，也在樂理、音樂史方面勤下功夫。人生的第一次挫敗，讓他體會到跌落低谷時，熱情不能褪色，只要永不放棄，就有如願以償的可能。更重要的是，他深刻明白一個道理：「成功有時不是不來，只是腳步慢了點。」

後來，朱宗慶從藝專音樂科畢業，申請到音樂之都維也納深造，到了維也納才明白他只是拿到考試許可，不是入學許可，必須有老師願意收他為學生，他才有機會入學就讀。不服輸的朱宗慶不想就此打退堂鼓，只好央求華特‧懷格（Walter Veigl）老師讓他留下來旁聽。之後在一次課堂上的試打，老師一聽大為驚豔，他也終於如願進入維也納音樂學院。這次的留學經驗讓他明白，遇到問題絕對不能退縮，若是先有了「可能失敗」的消極認知，反而可能促成失敗的誕生；只要把困難當成必然，認真分析失敗的原因，找出失敗的癥結，不斷反思經驗，調整心態，堅持到底，成功自然就來了。

學會面對失敗，收穫更多價值

智力商數（IQ）決定表現，情緒商數（EQ）決定態度，創意商數（CQ）決定想像，但這些都只能發揮在平面前進的作用，而逆境商數（AQ）則能發揮垂直起身的作用。逆境商數（Adversity Intelligence Quotient，簡寫成AQ），是指面對逆境承受壓力的能力，或承受失敗和挫折的能力。生命的起點和終點任誰都無法決定，然而，面對事情的態度卻足以改變人的一生！

沒有人永遠是常勝軍，沒有誰面對的永遠是成功的光環。在生活中，絕大多數人都有機會遭受到接二連三的失敗，有的人碰壁之後一蹶不振；而有的人跌倒後還會拚命想辦法從原地站起來。那些能夠站起來的人，都將成為人生的勝利者。

一般人在遭逢逆境時，總是試圖改變環境，但當環境無法改變時，應當轉變的其實是「心境」，正所謂「吃得苦中苦，方為人上人」。

有些人之所以在碰到挫折後一蹶不振，多半是因為他們被自己打敗了，他們覺得問題難以解決，認為自己根本沒有能力去處理後續，然而事情真的如他們所想像的那樣嗎？

全球著名的物理學家霍金（Stephen William Hawking）是肌肉萎縮性側索硬化症患者，症狀是全身癱瘓，不能發聲。在某次接受記者採訪時，一位年輕的女記者這樣問道：「您患病已經三十多年了，難道您不覺得命運讓您失去太多嗎？」面對這個問題，霍金沒有迴避，而是微笑著用手指艱難地拼寫著：「我的大腦還能思考，我的手指還能活動，我能做我喜歡的事。對了，我還有一顆感恩的心。」在場的人都被這段話感動了，響起了如雷般的掌聲。

任何問題都會有解決的辦法。面對挫折，我們也應該保有一個樂觀的心態。因為有時比上不足，比下卻是有餘。

畢業於哈佛的美國總統小羅斯福（Franklin Delano Roosevelt）說過：「一個人失敗的最大原因就是對自己的能力永遠不敢充分信任，甚至認為自己必將失敗無疑。」而這種「不信任」即是導致挫折產生的根本原因。

很多成功人士都是白手起家創業的，有的人出身貧寒或學歷較低，但他們都各自力爭上游，經歷了人生的大起大落，幾經沉浮，最後才獲得成功並贏得令人羨慕的財富和名譽。逆境終究不會長久，有決心不害怕失敗的人最終必然成功。因為人類有著驚人的潛力，只要立志發揮，就一定能克服難關，成就輝煌的生命。

不要害怕挫折，每一個成功的背後都是由眾多的困境累積而成，從這次的失敗中記取教訓，力爭上游，就能掙脫逆境。成功的人之所以成功，就是因為他們敢於在挫敗中檢討自己，從中汲取對自己有利的經驗。失敗能教會你的，往往比成功來得更深刻、更有價值。當你連失敗都能不斷克服時，那麼成就也就不遠了。

谷底翻身——敗部復活戰 🏀

美國著名的成功學家溫特‧菲力說：「失敗，是走向更高地位的開始。」許多人之所以能獲得最後的勝利，原因就在於他們「屢敗屢戰」的心態。沒有遇過大失敗的人，有時反而不知道何謂大勝利。

失敗真的很可怕嗎？為何有人從此一蹶不振，有人卻能夠東山再起，甚至比以前更加突出？先敗後勝的生命起伏，讓你飽嘗苦痛、臥薪嚐膽之

後，煉出致勝精髓，猶如將生鐵、廢鋼置於高溫熔爐中，經由熔煉、鑄造、軋製的過程，才能轉變成堅硬的鋼鐵。有道是「不禁一番寒徹骨，焉得梅花撲鼻香」，當如是矣！堀之內九一郎在《V型人生的失敗成功學》中提到的「V型人生」，象徵著一種跌到谷底後翻身的圖像，更代表著成功後舉著V型手勢的喜悅。堀之內九一郎是日本生活創庫株式會社社長。含著金湯匙出生的他，自小生活優渥，在父親死後繼承家業，遊戲人間的他沒多久竟敗光大筆家產，淪落到無家可歸的流浪漢，從此跌進了人生的地獄。後來他因為流浪漢同伴的一句諷刺，痛定思痛，決心從挫折中站起，扭轉了自己的命運，成為開創數個事業縱橫商場、公司年銷售額高達一百零二億日圓的董事長。一般來說，失敗和逆境可以激勵人心、攜來果敢，助你戰勝生活中的頹靡和恐慌。一個人若遭逢失敗之後，仍無法挖掘自己潛在的力量，重新奮戰，那麼，等待他的終究還是失敗。

群益證券董事長陳田文曾說：「只有自己才能打敗自己。」只有在失敗後發現自己真正能量的人，才能獲得最後的成功。許多擁有成就的人，都是在失敗與成功的無限迴圈之間徘徊打轉，並藉著每次從失敗漩渦中掙脫的魄力，更加奮力地敲響成功之鐘，將每一次的失敗，都視為一個開端，替未來撒下成功的種子。讓他們比之前更加卓越的關鍵在於，面對失敗時所採取的正面心態。

歷史足證，留名汗青的偉人幾乎都曾歷經敗部復活：國父孫中山是在十次革命後才推翻中國根深蒂固的數千年帝制；司馬遷因直諫入獄，在折磨和侮辱的苦楚中隱忍苟活，最終完成兼具文史不朽價值的歷史鉅著《史記》；樂聖貝多芬流芳百世的作品，如交響曲《英雄》、《命運》、《田園》、《合唱》等，都是在他失聰後譜寫完成；美國第十六任總統林肯，

從二十九歲起開始競選議員和總統,前後嘗試過十一次,失敗過九次,但他從未放棄自己對理想的追求,在躍上元首之位時發表「解放黑奴宣言」,重拾自由的精義,吟詠民主的謳歌,成為美國人民心目中最敬仰的領袖。

成功者固然令人起敬,而微笑面對失敗的人卻比任何人都可歌可頌。宏碁(Acer)集團董事長施振榮曾說:「一個企業不可能失敗五次之後,還不成功!」他在與同仁分享經營事業的心得時,則會這樣勉勵旗下員工:「失敗是常態,是一個人生必經的過程!」

每一次的失敗,都是重新開始的機會,而每一段失敗的過程,都是搭築成功金字塔的磚瓦。所以,失敗是為了下一次成功而存在,經歷一次失敗,我們就向成功更邁進一步。但是要轉敗為勝必須有三項前提心態:首先要有承認失敗的勇氣,並從挫折中站起;二要善於總結教訓、學習經驗;三要不屈不撓地堅持下去。缺少其中一項,不僅不會反敗為成功,可能還會輸得萬劫不復。

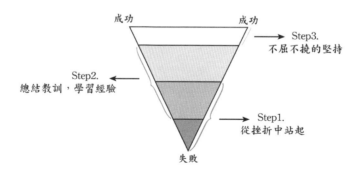

如何從谷底攀至巔峰

由挫折中站起

失敗使懦夫沉淪，使勇者奮起。學腳踏車不跌得鼻青臉腫，永遠無法從顛簸踏入平衡；不喝進幾口髒水，永遠難以在波濤間漂泳自如。失敗是人生的轉捩點，有了失敗，成功就不會遙不可及，前提是你要從失敗中站起來。越王勾踐做亡國奴時被人當馬騎，甚至親嚐吳王糞便，歸國後臥薪嚐膽，終於一舉滅吳，正是他蟄伏時的能量，醞釀了他將來翻身的力量。

亞洲小天后蔡依林，從名不經傳的學生歌手出身，變為當前身價上千萬、廣告代言應接不暇的熠熠新星，從同手同腳的僵硬身段，變成能夠完美演出劈腿、鞭轉、朝天蹬等高難度動作的舞界傳奇，正是因為她不斷在倒下後爬起的毅力使然。

一九九九年蔡依林以清新的「少男殺手」形象，在歌唱比賽中脫穎而出，歌藝本身並不遜色的她，卻因為自認特色不夠出眾，不容易在新秀如雲的演藝圈中站穩腳跟，堅持要用自己不擅長的舞蹈來創造「不一樣」。

當時的她，缺少韻律感、僵硬而無感情的肢體動作，完全不被舞蹈老師不看好，但她忘了舞步就重新練習，缺乏感覺就努力揣摩；面對外界對其外表的流言蜚語，她也不服輸地認真瘦身，用努力而成的美麗勇敢迎戰；即使到了二〇〇二年因合約糾紛，差點失去了表演舞臺，她依舊不放棄任何的表演邀約，積極爭取所有的曝光機會，不斷從挫折中奮起，終於讓這個原先嫻靜少言的乖巧女孩，爆發出難以遏止的巨星能量。

知名演說家諾曼・文生・皮爾（Norman Vincent Peale）說：「確信自己被打敗了，而且長時間有這種失敗感，那失敗就可能變成事實。」

承認失敗的勇氣，是承認這次因為各種因素的窒礙無法達成目標，而不是承認自己永遠無能。成功，只不過是爬起來比倒下去多一次，所以不要畏懼失敗，只要能夠奮勇站起，這次的倒下，就只是一場暫時的休息，而不會是喪氣的結局。西諺有云：「年輕的本錢，就是有時間去失敗第二次。」越年少的人擁有越豐厚的闖盪資本，失敗還可以從頭再來；即使年紀已長，更沒有時間耽誤於失敗的恐懼，否則，一生的夢想就將葬送在莫須有的躊躇之中。

② 總結教訓，學習經驗

試想，你每一次失敗的原因是什麼？失敗的原因包括客觀因素（非人為因素）和主觀因素（人為因素），這兩項必須平衡均列，過分歸咎於客觀因素，會讓人產生怠惰不前、甚至怨天尤人；反之，則會讓人自怨自艾，信心崩解。我們應該分別找尋個人內在與外部環境的缺點與錯誤，並且設法改正，只有明白失敗的源頭，才不會在同樣的地方跌倒，才知道自己真正欠缺的是什麼，任何的錯誤和失敗都有原因，而這些失敗的原因恰好是失敗的真正價值所在。

失敗並不意味著自己比別人差，它只表明自己還有些許不足，或是欠缺天時地利與人和的機遇；失敗並不意味著自己一無是處，它只表明自己也許試錯了方法，只要重新開始嘗試，便極有可能發現契機。要取得真正的成功，就必須從挫敗中汲取養分，認真分析致敗原因，那麼你將發現，失敗無疑是一座經驗的寶庫，是躍上更高榮耀的跳板。奧斯卡最佳導演李安，也曾經有過不如意的時候，自拍攝《臥虎藏龍》後聲名大噪，2001年又接拍好萊塢電影《綠巨人浩克》，李安面對好萊塢的商業與製作機

制，挑戰電腦動畫，影片中八成的戲份，李安親自演出，再經由電腦特效處理。

拍完《綠巨人浩克》的他心力交瘁，創作上遭遇重大瓶頸，當時聲望如日中天的他卻摔了一個大跤，北美票房慘敗，最後賠錢收場，灰心又喪志的他甚至萌生退出之意思。一天早上，他的父親對他說：「你還不到五十歲，只能戴上鋼盔，繼續往前衝。不做電影，你要做什麼？你會很沮喪。」父親的一句話，給了他在電影路上往前走的力量。李安決定告別主流電影，改拍《斷背山》，跑到世外桃源的懷俄明州一邊拍片一邊休養身體，重新歸零開始，也讓他找回最初感動人心的力量。

倘若當時沒有浩克所帶來的事業低潮，就不會有後面的《斷背山》、《色戒》和《少年Pi的奇幻漂流》等經典大作，李安也這麼說過：「我在過去的體驗中，只要努力，扛得住，找到的東西就越好。當我得到時，會感覺一切好似註定。可是若我不努力爭取，拿到的可能就是另一樣東西，那個結果也是註定。」

把壓力轉化成動力 🏀

NBA裡有句話這樣說：「最後一擊，交給Kobe就對了！」

要在關鍵時刻表現突出並非一般的球員所能及的，這必須具備足夠的抗壓性和比賽經驗，當然在關鍵時刻出手也必須經過一定的磨練，畢竟球員在被對手防守、尤其是勝負關鍵的一球，總會有更大的壓力。NBA聯盟中要說抗壓和忍辱負重的能力，Kobe絕對是史上第一。NBA聯盟放眼望去，曼巴風骨再也難尋！當然明星球員也會有失手的時候，即使是籃球大帝麥可・喬丹也有數百次在關鍵時刻失手的記錄，而我們看到的絕殺美

技都是好幾球才出現那一球。

當年Kobe直接從高中參加NBA選秀，只有十七歲的他，在第十三順位被夏洛特黃蜂隊選中，當時湖人為了得到Kobe，不惜用自己的全明星中鋒Divac來交易，以獲得他，而事實證明了當時的這筆交易，湖人是最大的贏家。Kobe選秀時的球探報告是這樣評價他的優缺點——

● 優點：是一位真正的領導者，可以在包夾下主宰比賽，終結能力強；有著極強決心的一個兇猛的競爭者。

Kobe選秀時的球探報告認為他比很多大學球員，甚至比許多NBA球員都要成熟，懂得思考比賽，具有作為球隊領導者的潛質。對於籃球這項運動，Kobe深知為了贏得勝利所需做的事情，具有一顆極強的決心和好勝心，這些都是Kobe身上優秀的品質。且Kobe具有不錯的身高優勢和三分能力，綽號黑曼巴的他，是NBA歷史上最出色的得分手之一，精通多種進攻得分技巧，能突破能投籃，幾乎沒有進攻盲區，精通後仰跳投這一技術，終結能力很強。

● 缺點：只有十七歲，可能還未成熟到可以面對NBA的嚴峻考驗。

Kobe進入NBA後打的是得分後衛的位置，而在他進入NBA前，高中時五個位置他都有打過，並沒有精通任何一個，但這並不是他球探報告中的最大缺點。球探報告認為Kobe最大的缺點是太年輕，很可能經受不住NBA的嚴峻考驗，無法在短期內將自身的優勢完全發揮出來，在心理抗壓方面不及格。

Kobe選秀時的這份球探報告，比較切實地評價了Kobe身上的優缺點。雖然只有十七歲，但湖人還是認定了Kobe，就是看中了Kobe身上這些寶貴的特質，而且讓湖人最終選擇下血本爭取到Kobe，不僅僅是這

份球探報告，而是在Kobe當初那場跟蒙特基督學院的友誼賽，他在場上所展現出來的那些精神與特質，便打動了時任湖人隊經理的West，認為Kobe已經超越了湖人隊內的很多球員，之後賽事Kobe也狠狠打臉當初的球探。

至於明星球員之所以成為明星球員，就是從無數的失敗中磨練出那少數幾次的成功，而Kobe也是在球季磨練了10多年才有這樣偉大的本領。

面對壓力時把它當作一個助燃氣，當你安逸時，就是開始往下墜落的開始。

我們都有自己的夢想，每天汲汲努力付諸實現。然而在奮鬥的過程中，不乏其他強勁對手出現，隨著競爭越趨激烈，壓力也隨之而來。

壓力就像一把雙刃劍，能讓你勇往直前，也能讓你一蹶不振，這其中的關鍵在於你用什麼樣的心態去面對它。如果你以消極的心態對待，那它將會成為你成功路上的絆腳石；如果你以積極的心態對待，那它將轉變為助你前進的推力。

「壓力」一詞本身是中性的，並沒有好壞之分。它有如調味的佐料，適度添加，能激發自我潛能，向上提升；但若過量，則會戕害身心健康，降低成事效率。

如果想讓一顆靜止充滿氣的小皮球彈高，就得施加力道在球上；當力越大，球就跳得越高。然而，若是在沒氣的皮球上施力，不但怎麼也無法彈起，還會被壓得越來越扁，人也是如此，我們必須先自我激勵打氣，調整好自身的壓力承受度後，才能善用壓力，向更高的目標挑戰。因此，成功者研發出一套壓力方程式：壓力（動力）＋激勵（助力）→成功（完成目標）。

孟子云：「生於憂患，而死於安樂也。」人是有惰性的，在沒有壓力的安逸狀態下，我們常會過度放鬆身心，時間一久，不僅思想鬆懈，意志消沉，甚至還會鈍化原有的技能。相反地，若能常懷憂患和壓力意識，就能發憤圖強，達成夢想。因此，沒有壓力便沒有動力，沒有動力就發掘不出潛力和爆發力，也就變得碌碌無為，一生只能在平庸中虛度年華，永遠無法成功。

　現代人的生活處處充滿緊張與忙碌，種種的壓力環繞在我們身邊，雖然壓力常讓人感到窒息，但適度的壓力卻可以壓抑人的惰性。譬如，學生面臨考試時，平時一晚只能讀一個章節，但在考前一週卻能一口氣讀完所有考試範圍；或是職場上將工作目標訂高一些，能夠促進同事間彼此切磋琢磨，帶來進步；又如運動員在大型體育競賽中屢次突破世界紀錄等等，均足以證明適度的壓力是成長的動力。

　據天下雜誌的收錄，《哈利波特》的作者J.K.羅琳（J. K. Rowling）曾在二〇〇八年於哈佛大學的畢業典禮上演講。以下摘錄部分：「我畢業後第七年，就經歷過一次『巨大』的失敗。當時，我短暫的婚姻剛結束，沒工作、單親撫養孩子、窮途潦倒，差點就流離失所。我父母當初對我的擔憂、加上我自己對自己的擔憂，一併壓在肩上，那是我一生中最大的失敗。」

　「那真不是件好玩的事，是我生命中最黑暗的時期，前途一片渺茫，也不知眼前的黑暗隧道還要走多久。這也是為什麼我要談失敗的報償。因為，人在失敗時，我們被扒得一乾二淨，我必須停止假裝自己除了眼前的自己，還有任何其他層次的我。我眼前唯一能做的，就是生存，最重要的事。」

「當時若有任何其他希望，我也不可能專心寫作，投入我唯一能做的事。我感到一股種自由，因為我最大的恐懼已經過了，我仍活著，身邊還有個深愛的女兒陪我，有台老打字機、跟一個夢想。那是置之死地而後生的重建之路。」

「失敗，讓我有種內在安全感，是以往通過所有考試都沒經歷過的。失敗，讓我學會認清自己，讓我發現自己有堅強的意志、有不錯的紀律、有一群真的朋友。從失敗中學到的智慧、堅強，會增強你未來生存的能力。唯有經過考驗的自我、關係，才是真的；也唯有經過苦難贏得的價值，才值得珍惜。」

羅琳更表示：「生命不簡單、複雜，而且完全不可控制，越早看清這個真相，你的生存能力就越強。」換句話說，完全不可控制的生命轉變成為了人生中所有的壓力，只有你越早看清、越早面對，你的生存能力就能越發堅強。

據美國心理學家威廉·詹姆士（William James）研究指出：一個沒有受過激勵的人，只能發揮其潛能的20%～30%，而當他受到激勵之後，其能力卻可以發揮到80%～90%。

換句話說，同樣一個人在受到激勵之後，其所能發揮的能力和作用相當於先前的三至四倍。那當我們面對壓力的時候，為什麼不試著鼓勵自己，去徹底激發自己的潛能呢？

中國女孩朱成在二〇〇六年五月當選為哈佛研究院學生會主席，此消息轟動哈佛，而這也是哈佛史上第一位出任此一職位的中國籍學生。

朱成剛上初中的時候，有一天她對父母說：「給我買一台打字機吧。學校要舉辦打字測試，如果成績優秀，還能得到教育部頒發的合格證書

呢。」

　　父母問朱成：「什麼時候考試呢？」

　　「十五天之後。」朱成回答。

　　朱成的父母很吃驚，因為她從來沒有打過字，於是他們勸她放棄考試，畢竟只有十五天的時間，希望很渺茫。但朱成卻堅持要參加，她告訴父母：「我一定可以的。」

　　於是，父母只好當天就趕緊買一台打字機給她，一吃完飯，朱成便開始練習起來，即便睡覺的時間到了，她還是專心地抓緊時間練習。

　　隨後的十幾天裡，朱成只要一回到家，就直奔到打字機前，練習到手指頭起了或大或小的水泡。那十五天裡，劈劈啪啪的打字聲成了朱成家裡唯一的聲音。

　　後來，朱成去參加考試，並順利過關，全校僅有兩名學生拿到證書，而她便是其中之一。

　　在時間緊迫、任務不熟悉的壓力之下，朱成不斷告訴自己：「一定可以」，激發出自己的潛能，最終達成目標。激勵自己從來就不是自我陶醉，而是為了更加爆發出自己的能力。

　　我們說能不斷激勵自己前進的人一定是強者，因為他們敢於在重壓之下挑戰自己，將不可能轉變為可能。若我們靠不斷鼓勵自己，就能擊退排山倒海似的壓力，並且最大限度地發揮自身潛能的話，那你為何不對自己信心喊話一番呢？

將壓力逆轉為助力

　　人在面臨壓力時，會有三種不同的應對方式——拒絕和逃避壓力、接

受與解決壓力、創造並享受壓力。絕大多數人是採取排斥或消極接受的態度，讓自己深陷於消沉不安的困境中，但也有不少人會積極迎戰壓力，甚至設法創造壓力，激發前進的鬥志，奮力一搏，締造出許多超越自我的奇蹟。

根據歷史經驗顯示，諸多著名的科學家、藝術家、文學家、企業家，當他們處在壓力最大的時候，往往也是創造力、觀察力、專注力和個人成就最高峰的時期。樂聖貝多芬（Beethoven）在生命即將結束的數年間，遭逢心靈上的孤獨、身體上的殘廢、經濟上的匱乏等，面對種種不幸的際遇，反而創作出永垂不朽的d小調第九號交響曲。

歷史見證了那些將壓力轉化為動力的成功案例。因此，我們應當善用壓力之特性，為自己設定經一番努力後方可達成的目標，以創造壓力，激發自我潛能，展現「超水準」的表現。

二〇一一年，台灣高爾夫名將曾雅妮在澳洲黃金海岸，以四回合總計二六四桿，搶得ANZ女子高球名人賽冠軍，以二十二歲又二十二天之齡，成為世界女子高爾夫新任球后，為台灣爭光。

在確認比賽獲勝且登上世界球后寶座的那一瞬間，曾雅妮說，在那當下，其實她的眼淚幾乎奪眶而出，完全說不出話來，她一直想像過這個畫面，但是當這一刻真的到來時，她反而覺得這像夢一樣讓她反應不過來。她感謝台灣的球迷與民眾一直以來都在背後支持著她，有些熱情的華僑甚至跑到球場揮舞著國旗大聲替她加油，無論是她打得好與不好的時候，這些支持與關愛都讓她十分感動。

將時光倒流回二〇〇八年，其實曾雅妮在十九歲的時候就曾拿下世界排名第二，但隔年，在她二十歲時，卻突然跌到谷底。在二〇〇九年的

LPGA（LPGA是女子職業高爾夫球協會）四大賽裡，第一場她只拿到第十七名，第二場二十三名，成績不見起色，接著，在七月的美國女子公開賽更是直接慘遭淘汰，接連的失敗，讓堅強的她徹底崩潰了。

美國女子公開賽那天，因為前幾場的成績還不錯，讓她有信心能贏得這場比賽，但殘酷的結果卻是，她慘遭淘汰，而且連晉級比賽都沒有資格參加。這樣大的打擊，使她在打完最後一洞時，再也無法故作堅強，在記者與支持他的球迷面前痛哭失聲。

從小比賽算是一路順遂的她，突然遭遇瓶頸，曾雅妮說：「那時候第一次覺得，高爾夫球似乎在向我下戰書。」沒想到如夥伴般的高爾夫球竟然反過來挑戰她，她形容那像是「從天堂到地獄」的活生生體驗。

接下來的幾個月，即便只是一個小失誤，對她來說都像是巨大的打擊，任何錯誤自己都會放大化，情緒起伏也比以往劇烈，她告訴自己每一場比賽都要贏，結果卻是反效果。比賽結束後她痛哭，哭完又繼續打下一場比賽，她的朋友說：「她當時正處在低潮，瓶頸怎麼樣都無法突破，球怎麼打都不對，這樣的壓力讓她一回房間就哭。」

曾雅妮說：「那個時候，我覺得自己無論做什麼事都會搞砸。」即便父親與教練、親友們安慰或是鼓勵她，她就是無法停止自責，當她越厭惡自己，成績越糟，就這樣產生了惡性循環。

在無計可施的情況下，教練引介她去找心理醫生Deborah Graham，醫生建議她：「活在當下。」曾雅妮說：「我經常在比賽都還沒開始，就會想我是不是會失誤，是不是不要怎麼樣，」但是心理醫生告訴她：「妳應該想自己要幹嘛，而不是想不要幹嘛；想現在我要打到哪裡，而不是想我不要打到哪裡」、「專注於在每一桿，做好自己該做的工作，其他沒有

辦法控制的，就不要去想。」

Deborah Graham教她「活在當下」的方法是，把每天、每一桿的打法與結果都記錄下來，每一桿有每一桿的目標，每一場有每一場的目標，每一天有每一天的目標，拆解它，並且好好完成這個短期目標，不要去想等一下可能發生什麼負面的事。

在比賽時，「你的目標，就是專注地把每一桿都做好。」提醒自己享受過程，而非在意結果。

從谷底站起來，她重生為更強韌的高爾夫球手，成為世界女子高爾夫新任球后。當然，沒有壓力，那是騙人的。

二〇一二年六月開始，她又接連遭遇低潮，至八月中已經有三場比賽遭到淘汰。八月，曾雅妮又跨越一次低潮，在美國奧勒岡州舉行的LPGA精英賽中並列第五，這也是曾雅妮距六月之後的佳績。

她不斷提醒自己，以平常心看待，不要在自己身上強加太多壓力，「我現在的目標設定在好好享受高爾夫球，享受每場球賽的樂趣。」也就是說，我們都必須盡人事，而多餘的擔心就交給上天決定了。

北京奧運會前夕，中國籃球運動員姚明說：「我現在壓力真不小，沒有多少人能有這樣在家門口出征奧運的機會，這是人生最寶貴的財富，我會好好享受這種壓力。」想法一轉，全局改觀！將挑戰視為享受，把苦撐變成快樂，壓力便會與成就成正比。

人生要成功，不外乎給予自己適當的「壓力」，然後用「熱情」的態度去學習、成長，在追求成功的路上絕不鬆懈、絕不妥協。最後不管結果如何，你肯定都是會令人驕傲的。

借助壓力激發自我潛能

那要如何透過壓力去激發自我潛能呢？

提升自我潛能的第一要訣是切勿停留在原地不動。欲達此目標，首先要有不滿現狀的想法，丟掉任何會阻礙進步的觀念。對於不合理想的狀況不要遷就，在最重要的問題上不要折衷、不要將就，時時抱持著好還要更好的心態。此外，光是不滿足還不夠，必須知道下一步要往哪裡走，絕對不能做個只會成天抱怨的人。法國大文豪雨果（Victor Marie Hugo）曾說：「進步，意味著目標不斷前移，階段不斷更新，視野的高度也總是不斷提昇著。」

接著，要不斷地學習、觀察與思考，敢於大膽假設，突破傳統思維。美國開國功臣班傑明‧富蘭克林是一位偉大的政治家，也是一位科學家。在一個陰雲密佈、電閃雷鳴的天氣裡，富蘭克林正在放風箏，忽然被雷電擊中。他雖然一時間嚇壞了，但也意外發現到電的形貌，並且潛心鑽研，繼續追究探討，最後發現「電」的存在，並使之得到廣泛應用。

對於創造壓力提升潛力的做法，提出以下九個黃金步驟：

1. 先問自己「事情已經夠好了嗎？還可以更好嗎？」、「心目中最理想的狀況為何？」把所有理想分項列舉，再依據重要性排序。

2. 再問「現在可以做哪些事來達成理想？」並紀錄下來。

3. 得到以上答案後，馬上開始實行，不要猶豫不決！把所有注意力集中於想完成的目標上，切忌三心二意、留給自己太多拖延或失敗的藉口。此外，務必規定自己完成的期限！

4. 學習從他人經驗中吸取教訓，不管是成功還是失敗。

5. 在生活中嘗試各種冒險，樂於學習新事物。每天有所得比無所得

要好，把每個遭遇都當成生活中的探險！

6. 不要墨守成規，畫地為牢。利用各種機會，發揮創意思考的能力突破僵局。

7. 清楚知道可用資源，並加以善用，例如善用「雲端」（雲運算）安排生活、搜集資訊，充分運用，不斷強迫自己吸收且消化新科技與新資訊。

8. 隨時向自己提出挑戰，體驗尚未經歷過的狀況，考驗自己的因應能力。

9. 每天晚上為第二天設定目標，並決定達成任務後能夠給自己兌現的獎勵。

當我們遇到習慣領域之外的事物發生時，不要馬上抵制，而要主動思考這件事在哪些方面能幫助自我成長。日後身處逆境時，就能積極樂觀地面對問題，克服困難，達成目標。

既然如此，當壓力來臨時，要用何種態度來面對，與它共處呢？以下是筆者的建議：

① 保持冷靜，沉著應對

當危機突然來臨，一般人總是手足無措，想著必須立刻解決。然而在心慌意亂的狀態下，想要找出理性的答案是不可能的。最好的做法是在採取行動前，先讓自己冷靜下來，仔細思索一遍事情的來龍去脈，瞭解真正的壓力來源，才能面對難題，做出理性的思考與判斷。

② 釐清事實，避免被誤導

在關鍵時刻，特別需要認清實際狀況。任何資訊都要再三確認，以免錯估情勢，讓壓力只是源於空穴來風的危機，空耗心力。

③ 建立自信，下定決心

危機一旦發生，大多數人都會懷疑自己的能力。這種想法不僅無濟於事，反而會使情況變得更為艱難。相信自己，只要有決心毅力，沒有什麼困難不能克服。

④ 勇敢向前，拒絕逃避

面對挫折，絕對不能懷抱鴕鳥心態，只有勇敢面對，全力以赴，才能獲致最後成功。

⑤ 承認錯誤，當機立斷

由於先前錯誤的決定，造成重大損害，一發現時就要勇於承認，有壯士斷腕的氣魄，千萬不可掩蓋真相，一意孤行或猶豫不決。

⑥ 承擔責任，控管危機

當責任當頭，避無可避時，不要一直怨天尤人、鑽牛角尖，與其滿腹牢騷，不如起身而行，掌控危機。正所謂「危機就是轉機」，面對這些不安的關鍵，就在於不屈不撓的意志。

⑦ 積極學習，充實能力

當發現自己有不足之處時，善用各種機會與資源，補強自己，一旦個人能力提升，承受壓力的力量也會隨之上揚。

⑧ 保持健康，加強體力

有了健康的體魄，才能盡全力與壓力作戰，所以平時就要鍛鍊體能，儲備體力，才能不因壓力的攻擊，讓自己身心交瘁。

⑨ 堅持到底，不輕易放棄

失敗的人總是太快選擇放棄。在完成目標的過程中，切勿因為一點挫折就打退堂鼓，不要讓「為山九仞」最後「功虧一簣」，再堅持一下，成功就在不遠處！

回首歷史，在巨大壓力下，人往往能激發出自己最大的潛力，但在不必要的情況下刻意追求壓力，只會庸人自擾，往往適得其反。因此，我們要善於利用壓力，將之巧妙轉化利用，作為提升核心競爭力的泉源，走向更成功的人生。

壓力是成功的跳板，但若能巧妙地借力使力，利用能量轉換定律，將壓力轉化為動力，則會讓我們行得更穩，產生更強的鬥志，從心底湧出源源不絕的能量，邁向成功勝境！

9 *Kobe Bryant の「思考」*

If you want to be great at something, there's a choice you have to make. We all can be masters at our craft, but you have to make a choice. What I mean by that is, there are inherent sacrifices that come along with that. ~Kobe

如果你想精通某件事情，你必須做出一個選擇。我們都可以在我們的領域成為大師，但你必須做出選擇。我的意思是每一個我們的決定都會伴隨著犧牲。

二十年的NBA職業生涯，Kobe曾五度帶領湖人奪下總冠軍榮耀，他的生涯已是傳奇，不過外界對他的評價褒貶不一，自我要求相當高的他，對隊友也很嚴苛，被貼上「很難相處」的標籤，對此他不以為意，他坦言自己不是很有耐心的人，完全無法忍受懶惰或是愛找藉口的人。

「我曾把幾名球員弄哭，那種因為聽到別人的嘲諷就掉淚的人，我完全不想和他們一起打季後賽。Kobe回憶起一件往事，他曾遇過一個很糟糕的隊友，「這是一個就算我講出名字，大家也不記得的球員，我甚至不會唸他的名字，就是一個歐洲小將。」

Kobe說他曾對這名隊友說了一句很嚴肅的話，「你應該重新思考一下自己人生的目標。」這位三十六歲老將認為，若是隊友展現出想贏球的決心，在場上拚盡全力，那和他相處起來絕對不會有問題，但若是那種缺席球隊訓練，根本不想努力的人，就沒什麼話好說。

試著當一名好隊友、好朋友，這些從來不在Kobe的字典裡。Kobe曾說：「朋友來來去去，只有冠軍旗幟會永遠掛在那裡。」這句話非常值得思考，因為Kobe他知道他要的是什麼，他要的並不是一個老好人，他知道對球隊最重要的就是贏得比賽拿到總冠軍，他也知道他可以激勵隊友，

但是其他的隊友並不買單，都認為他是一個相當嚴苛的人，甚至被不少人批評「很難相處」，而他本人也不否認這件事。他坦言自己不擅長講那些正面的話來激勵隊友，但他永遠都專注於比賽，做出最大的貢獻。

在2008年的北京奧運，Kobe與其他美國籃球好手攜手出征，當時冠軍戰對上西班牙隊，正巧碰上同為湖人隊的Pau Gasol，平時同為戰友的兩人，在奧運場上轉換為敵手。比賽哨音響起，Kobe對於自己與Gasol之間的情誼毫不留情，在場上大開殺戒，當時同樣披著美國戰袍的LeBron James不免為他留了一身冷汗，心想：「哇老哥，你下季還要跟這傢伙一起打球耶！」可見得Kobe有多麼渴望取得勝利。最後美國隊以118比107擊敗西班牙隊，如願贏得金牌。

賽後，Kobe為激勵Gasol，刻意將獲獎金牌掛在對方置物櫃裡，讓相當在意國家榮譽的Gasol十分生氣，Kobe告訴他：「聽著，上一季輸給塞爾提克，現在又輸給美國隊，新一季的球賽不要再以失敗收場了。我們得為了總冠軍一起努力。」而Gasol也因為受到刺激而更加努力，與Kobe共同拿下2008-09球季的總冠軍。

Kobe的籃球生涯一開始雖然被很多人說是模仿麥可·喬丹，但是他並不引以為意，因為他知道想要模仿成功的人才有機會超越，而貫穿Kobe整個職業生涯的，就是他和籃球之神麥可·喬丹的比較。喬丹六進總冠軍賽，六次奪冠，兩次功成身退、兩次復出的傳奇生涯，可謂難以複製。而Kobe七次進入總冠軍賽，五次奪冠，雖然遺憾錯失第二個三連冠，但也已經足夠圓滿。

而Kobe的內心深處，已經對追趕喬丹的結果有了心理預期，但最重要的是如何看待自己的職業生涯，在生涯最後一戰狂砍60分之前，Kobe

其實就已經放慢了追趕喬丹的腳步，他的「退役巡演」與其說是不計較輸贏的表演賽，不如說是面對面把火炬交給年輕一代手中，輸球反而是激勵後來者超越自己的方式。

叼球衣的場景少了，釋懷的笑容多了，這不是說Kobe認輸了，而是他找到了新的人生意義：傳承。Kobe知道自己的職業生涯是時候告一段落，自己不能像史麥戈一樣，淪為冠軍戒指的奴隸。相反，Kobe從那時就開始佈局自己退役後的商業王國，包括「曼巴學院」，開始更多是以長者姿態示人，鼓勵年輕球員超越自己，一如自己當年努力超越喬丹。

多面向思考拓展成功廣度

今日這個世界，總是讓人感到陌生和壓力，甚至有些恐懼。只有思考，才能戰勝愚昧，在積極的思考中勇敢地走向未來。」思考對於任何一個人來說，都是極其重要的。缺少思考的人，其靈魂就很難被提升到另一個高度，其人生也不會有偉大的成就。

有一個笑話是這樣說……

有三個人要被關進監獄三年，典獄長給他們三個一人一個要求。

美國人愛抽雪茄，要了三箱雪茄。

法國人最浪漫，要一個美麗的女子相伴。

而猶太人說，他要一部與外界溝通的電話。

三年過後，第一個衝出來的是美國人，嘴裡鼻孔裡塞滿了雪茄，大喊道：「給我火，給我火！」原來他忘了要打火機了。

接著出來的是法國人。只見他手裡抱著一個小孩子，美麗女子手裡牽著一個小孩子，肚子裡還懷著第三個。

最後出來的是猶太人，他緊緊握著典獄長的手說：「這三年來我每天與外界聯繫，我的生意不但沒有停頓，反而成長200%，為了表示感謝，我送你一輛勞斯萊斯！」

這雖然是一個笑話，卻可以從中看出猶太人思考的智慧，現實生活中，猶太人正是憑藉著過人的思考智慧贏得鉅額的財富，這也是他們取得成功重要的基礎，成功者善於思考，他們將思考等同財富，渴望自己的頭腦中所有的智慧都變成手中的金錢，這就是他們的過人之處。

想想現在的你過的是什麼樣的生活，現在過的生活是由一年或是三年前的你所決定，所以思路決定出路，什麼樣的選擇決定什麼樣的生活。今天的生活是由三年前的我們所選擇決定的，而今天我們的抉擇將決定我們三年後的生活。我們要選擇解除最新的消息，了解最新的趨勢，從而更好的創造自己的將來。

Kobe在2016年退休後，就開始積極多角化經營自己籃球以外的事業，各種商業的投資，更涉足了電影業，與不少傑出的人才合作，他讓自己不僅僅透過籃球才能發光發熱，連創作的領域都表現得相當好，他監製的動畫作品《親愛的籃球》獲得奧斯卡獎的肯定，成功奪下小金人。

這其實就是一種「多職人生」的思維，不要滿足於單一身分，現今是一人扮演多職角色的時代。活用自己過去累積的資源及基礎，搭配自己的天賦及熱情，掌握正確的能力、態度及資源，當你再挑戰其他領域、發展多元事業，往往是水到渠成的事。

Kobe曾說：「當我們說這無法實現、無法完成時，那就是在改變自己。我的大腦無法處理失敗。它不會處理失敗。因為如果我必須坐在那裡面對自己並告訴自己，『你是一個失敗者』我認為這更糟，幾乎比死亡還

糟。」

所以，直視目標，心中只要想你要的，遇見困難時試著用不同角度、不同方法去解決，若沒試過一百種方式就別說不行。

過去傳統的勞力密集產業，或許只要賣力打拼就能稍有成就。然而，現今的趨勢以智慧型人才掛帥，「方法」的價值已然凌駕於埋頭苦幹，沒有獨到的思維模式與見解，便難以達到心中所企望的目標。而所有成功者的共通特質，就是全面拓展「多面向思維」，一言以蔽之，即是跳脫當下工作的狹隘視野，把自己逐步提升到更新的高度，不只要有用顯微鏡審視細節的洞見，更要有居高臨下、鳥瞰塵世的宏觀智識。

從點擴大到面的成功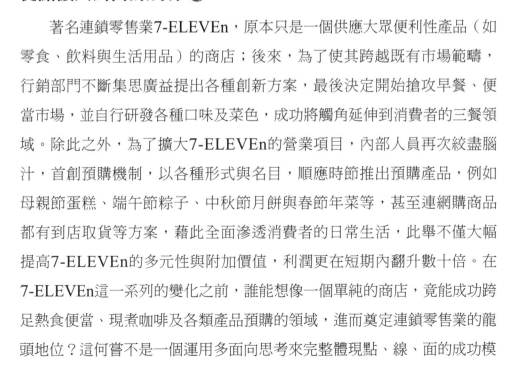

著名連鎖零售業7-ELEVEn，原本只是一個供應大眾便利性產品（如零食、飲料與生活用品）的商店；後來，為了使其跨越既有市場範疇，行銷部門不斷集思廣益提出各種創新方案，最後決定開始搶攻早餐、便當市場，並自行研發各種口味及菜色，成功將觸角延伸到消費者的三餐領域。除此之外，為了擴大7-ELEVEn的營業項目，內部人員再次絞盡腦汁，首創預購機制，以各種形式與名目，順應時節推出預購產品，例如母親節蛋糕、端午節粽子、中秋節月餅與春節年菜等，甚至連網購商品都有到店取貨等方案，藉此全面滲透消費者的日常生活，此舉不僅大幅提高7-ELEVEn的多元性與附加價值，利潤更在短期內翻升數十倍。在7-ELEVEn這一系列的變化之前，誰能想像一個單純的商店，竟能成功跨足熱食便當、現煮咖啡及各類產品預購的領域，進而奠定連鎖零售業的龍頭地位？這何嘗不是一個運用多面向思考來完整體現點、線、面的成功模

式呢？由此可見，如欲達到目標，邁向成功，多面向思考確實不可或缺。

西方有句古諺：「百分之五的人主動思考，百分之五的人自認正在思考，百分之五的人被迫思考；而其餘的人一生都討厭思考。」常保多面向思考，是要在自發行為而非強迫狀態下產生的動腦模式，當思考成為一種習慣，成功將隨之而至。

事實上，無論是個人或企業，想要達到目標，都必須不斷提出許多點子，並審慎評估執行的可能性，經過持續推演後，再次淬鍊出不同以往的想法，在這個過程中逐步孵化出理想的成功策略。

日本第一家百貨公司——三越百貨，前身為三井綢緞莊，創建者日比翁助在進入綢緞莊工作後，便時常思考著如何增加產業競爭力，他首先想到打折扣戰、引進國外的高級布料，但這些方法始終沒有大幅提升他們的來客率。後來，他想到讓店員坐在榻榻米上，直接把商品陳列在顧客面前，與顧客進行面對面的銷售互動，由於這種特別的銷售模式有別於其他競爭者，讓每位上門的顧客都非常滿意，業績成長許多。

然而，日比翁助並不因此滿足而停滯不前，他毅然決然地前往歐洲視察，從各國的百貨公司汲取嶄新的經營理念，並思忖著該如何將其靈活運用在店裡。他花了幾天的時間觀察，並揣摩學習其商品的陳列方式、店員的待客之道……等，並同時將他們的員工待客手冊帶回日本參考，因而催生出「今日帝劇，明日三越」的大型百貨公司。正由於日比翁助經常思考著該如何改變營運模式，並設法提出各種可能性來進行改造，才能從平淡無奇的綢緞莊，躋身為獨樹一格的三越百貨。

在過去，披薩總被視為呼朋引伴、集體享用的美食，然而隨著「宅經濟」勢如破竹，單身市場崛起，市佔率超過五成的披薩業龍頭必勝客，看

準了這波單身商機，提前兩年發展分眾策略與進行產品研發，在既有群體取向的大份量產品之外，開發出三十多種各式輕食、單人套餐與獨享披薩，並且提供超低門檻的外送服務，讓不想出門的單身顧客，即便一個人用餐，也可以達到五星級的豪華享受！

除了三越百貨與必勝客之外，另外像是中釉，從瓷磁塗料成功跨足LED螢光粉原料；久津實業從飲料（眾所周知的波蜜果菜汁）拓展到電子通訊產業；亞富國際從電子工程領域跨入皮件業等，他們後來的經營項目事實上都與本業無關，但共通處都是由單一的點盡可能拓展到產業的不同面向，也就是不只專精在某項領域，能跨出自有版圖向外發展。由於這些企業主鼓勵旗下員工，時常提出各種建議案，姑且不論是否全數可行，卻的確為公司注入一股全新能量，也在這些建議案中，另闢一條企業的成功之路。

經常讓自己處於多元思考的模式中，可以有效開通思路，幫助你釐清思緒，在工作、生活中獲得全新啟發，拉近與成功之距。

不設限的多元思維模式

首先，考各位兩題：有什麼東西跑得比光速還快，能瞬間貫穿一切？又有什麼是宇宙最慢的東西，它沒有出生也沒有死亡，始終在一個定點飄浮著？答案都是「思想」。大部分的人們習慣於慣性思維模式，意即對任何問題，通常只是習慣性地從單一方向、單一角度，僵化地思考。甚至不少人面對問題或研究學問時，根本缺乏「思考」的意願，只一味地想獲得解答，果然是「學而不思則罔」。能改變慣性思維模式，便可用更大的力度抓住機會，甚至創造機會，以臻成功。

小小的臺灣有六千多家出版社（全中國大陸的出版社也不到六百家），其中最成功的典範之一就是遠流出版社，其負責人王榮文先生最常掛在嘴邊的一句話便是：「有沒有別的可能？」——這句話正代表著多元思維模式。所以傳統的想法不見得不好，但是若能從其他方向、各個角度，以多元思維取代單一的線性思維模式，常常想一想、問一問：「有沒有別的可能？」你就能在狹隘的視野外，拓展成功的廣度。因此，類似《腦筋急轉彎》與《玩出聰明左右腦》這種益智書籍，確實能發揮刺激思考與增進知識的功用。

　　舉例而言，有一個人正在讀書時，突然停電了！可是他卻不受影響地繼續讀他的書，這是為什麼呢？

　　答案是當時是大白天，此人讀書時根本沒有開燈，所以停不停電毫無影響。

　　再舉個例子，有一個人在深夜裡研讀一本書時，突然停電了！可是他卻依然不受影響地繼續看書，這又是為什麼呢？答案是此人是個盲人！他讀的是點字版的書。誰說「讀書」一定要用眼睛看？盲人是用觸感來「讀書」的，中國大陸就有一家盲文出版社，憑藉著國家資助，大量出版點字版圖書，因而囊括數百萬讀者的市場。

　　古希臘時代小亞細亞特洛伊附近的先知——葛第士，率眾在一輛古戰車上打了一長串難解的繩結，並預言誰能流暢地打開這串結，誰就能征服全世界！後來亞歷山大（Alexander）率軍經過這個小亞細亞的葛第士之結時，二話不說，拔劍砍下了這串結！沒錯，亞歷山大以「流暢」的方式「解」開了這個結——只是方式與一般人不同罷了。後來亞歷山大果然征服了他當時所知的世界，創立橫跨亞、歐、非三洲的帝國。

大前研一當年去應徵麥肯錫公司的職位時，四位面試官中有兩位給他最高分，另外兩位卻給他最低分，依平均分數計算是不可能被錄取的，但主考官卻因為其分數的奇特差異性——他的變異數（variance）和標準差（standard deviation）不但是所有求職者中最大的，且大過第二名甚多——而破格錄取。後來大前研一憑藉其多面向思考模式與多角度的觀察分析，獨樹一格，一路升任至麥肯錫日本分公司最高主管，並入主麥肯錫總公司擔任董事。

　　那麼，究竟要如何培養多面向思維呢？這必須從日常生活中開始訓練，以下列出幾項成功者的共通思維特質，提供讀者參考：

❶ 多接觸新事物

　　《論語》有云：「日知其所亡，月無忘其所能。」任何人若想出奇制勝，首要條件就是經常吸收新知，瞭解現今潮流。例如風靡網路世界的社群平臺Plurk、Facebook、Twitter和各家部落格等，原本只是個人抒發心情、分享心得的小天地，後來許多企業看準部落格的瀏覽人次蘊含無限商機，因此與部落客合作，要求版主在部落格上刊登廣告或是撰寫推薦文章，版主不僅藉此獲得利潤，企業也得以大幅提升產品曝光率。

❷ 忙中有閒的思維模式

　　子曰：「過猶不及。」做任何事都要保有中庸之道，過與不及都可能產生反效果，就如同被拉開的橡皮筋，一旦被拉得超過彈性限度，將會造成彈性疲乏，進而失去伸縮功能。人類的思維也是如此，不懂得放鬆自己，讓自己經常處在緊張之中，只是有害無益。根據研究顯示，當人的壓

力超過正常值時，創造力和智力都只有平時的百分之四十五。因此，多面向思考必須在身心都準備好的情況下才能有效發揮。

③ 盡可能尋求多種答案

要拓展思路就不能滿足於一種解決模式，應學會以多種思考途徑來分析現有問題，便能突破窠臼開創新局，進而訓練從單一的線性思維走入多面向思維，使自己儘速達成目標。

《蘋果橘子經濟學》的作者李維特（Steven D. Levitt），不到四十歲便成為芝加哥大學經濟系教授，更榮獲素有「諾貝爾經濟學獎搖籃」之稱的約翰‧貝茲‧克拉克獎（John Bates Clark Medal），他正是一個「對問題執著，卻對結論開放」的典型。他認為經濟學有獲得解答的工具，卻嚴重缺乏有趣的問題，因此他抗拒傳統的經濟學詮釋方式，改用探險家的心態搜尋各種可能的答案與問題，因而創造了這本持續五十週高居《紐約時報》暢銷書榜前十名的「怪誕經濟學」（Freakonomics）以及再度令人耳目一新的續作《超爆蘋果橘子經濟學》（Superfreakonomics）。

④ 鼓勵他人提供意見

正所謂「三個臭皮匠，勝過一個諸葛亮」，號召你的親朋好友集思廣益，為你的腦袋注入源源不絕的新創意。當我們在人生道路上遇到兩難的抉擇時；當我們在工作上遇到挫折時；當我們在人際關係上遇到難以處理的問題時，家人、朋友、同事、主管的意見都能幫助你脫離思考中的瓶頸，以不同的見解將你抽離固有思維，使你成功提出解決方案。

⑤ 習慣性閱讀

榮登《富比士》（Forbes）雜誌全球富豪排行榜的華人首富李嘉誠曾說：「未來的經濟戰場，是以知識為基礎的戰爭。因此，成功領袖的必備條件是要善用知識。」他之所以有如此龐大的成就，都是因為他喜歡閱讀各類書籍。李嘉誠的第一桶金是從plastic上賺來的，而「plastic」（塑膠）這個單字是在當時尚未普及的外文書中發現的，他整天思考著要如何將其擴大應用與實際執行，在不斷的開發與研究中，使他的塑膠產業開始蓬勃發展、發光發熱，為當時既有的產業開啟另一番新紀元。李嘉誠六十年來始終堅持的活動，便是在就寢前「閱讀」，甚至連印度矽谷首富穆爾帝（N. R. NarayanaMurthy）的平日休閒活動也是看書，抱持著「學如不及，猶恐失之」的心態，不斷更新自己的學識。

城邦集團執行長何飛鵬在《自慢》一書中說：「許多失敗者從來不讀書，因為忙在工作中都已經來不及，這是絕對的錯誤。書是人類社會最寶貴的資產，會從書中找答案的人，將少走很多冤枉路。」

他們都是透過書中的啟發，經由內化思考而成功運用在生活與工作上，進而取得令人稱羨的成就，其最大關鍵就在用閱讀強化思考。

透過上述五種訓練方法，即能顯著提高思考能力，激發靈感。除此之外，由於腦中的創意思考時常轉瞬即逝，因此要立刻記下，有助於你日後思考時，朝更多元化的面向拓展。即使當下這些提案並沒有被採用，但它仍觸發了你往後的思路，讓你得以趁機重整思緒，更使沒被採用的提案逐步增添其可行性。

多元思維 Test

時至今日，當前要務正是有效開發左右腦各領域的專司功能，以多元面向、突破窠臼的思維遊戲開創自己的潛能，將靈活思考運用在職場、生活以及人際關係上，提高自我競爭力，以多面向思維取代單一、傳統的思考模式，一舉邁向「創新複合型人才」！本篇特別附上幾道題型，測試你的創意、想像、放射思考等綜合思維程度，你能答對幾題呢？

① 如何看到對方的臉？

兩名女人，一位面向南，一位面向北站立。在不能回頭，不可走動，也不允許照鏡子的情況下，請問她們要如何才能看到對方的臉呢？

② 擴大水池

圖中有一個正方形水池，水池的四個角上各種四棵樹。現在要把水池擴大，使它的面積增加一倍，但仍然保持正方形，而且不能移動樹的位置。有什麼方法能符合上述要求呢？

答案如下：

① 如何看到對方的臉？

一位面向南，一位面向北站立著，便能看到對方的臉。若認為兩個人是背對背而立，那就得不到答案了。解題關鍵在於轉換思考模式，兩個面對對方站立的人，對彼此而言也同樣是「一個面向南，一個面向北站立」。

② 擴大水池

如下圖所示。

瞬思力・即戰力・迅速執行！

　　Kobe Bryant說：「人生中有很多我們要選擇的事。如果你想精通某件事情，你必須做出一個選擇。我們都可以在我們的領域成為大師，但你必須做出選擇。我的意思是我們每一個決定都會伴隨著犧牲。和家人相處、和朋友出去玩，身為一個好朋友，一個好兒子、侄子，依據情況而定。這些決定都會伴隨著其他事情的犧牲。」

　　選擇是對自己負責，一旦做出選擇你就必須迅速全力以赴，只要你全力以赴了，不管結果如何你都是勝利的一方。

　　劇作宗師莎士比亞曾說：「速度，造就成功。」與競爭對手之間的距離，短則毫釐，長若千里，然而一旦落後於時間的輪軸，勝敗幾乎就此底定。生於現下，我們不僅立足於全球速度激升的時代，更身處加速度全面勃發的戰場，「持續變快」已不敷需求，還要讓每次「變快」的幅度都超越以往，才能穩挾速度優勢，笑傲廣湛藍海。正如當前奧運計時的精準程度已臻至千分之一秒，成敗如何歸屬，就端視個人如何運用知識與經驗，決定這段「轉瞬之間」。

　　曾有一名工程師，在某間公司工作三十多年後退休。數年後，該公司的一套機器發生故障，上至高階經理，下至基層員工，經由十數日的摸索與研究，仍完全無法找出問題所在。絕望之中，他們只好尋求這名退休工程師的協助。工程師仔細端詳了機器，從上衣口袋取出一枝粉筆，在一個小零件上畫了一個大叉叉，說：「這就是你們的問題。」相關人員立即將該零件汰換，機器果然運作如常。不久之後，公司卻收到一張十萬元的帳單，正是這位退休工程師的索價。老闆相當不悅，認為一個小時值不了這麼多錢，便要求對方交出報價明細。

這位退休工程師的回函是：「粉筆，一元；知道在哪裡畫粉筆，九萬九千九百九十九元。」

正是這名工程師三十年來累積而成的「瞬思力」，造就了他無可取代的非凡身價！「瞬思力」，即所謂瞬間思考能力，能夠在須臾之間快速作出判斷與決策的本事。決定工程師畫下粉筆的瞬間，就是數十年來工作知識與危機處理的經驗運算，這個繁複的機制沒有邏輯可循，更不為外人所見，卻往往以驚人的速率「靈光乍現」。瞬思力人才正是知識管理的核心關鍵，由具有瞬思力的人才將經驗與專業進行全面整合，進而規劃、評估、流通與創新，即可迅速提升交流各層面知識的綜效與價值，並得以系統化地拓展與傳承。

經驗創造瞬思 🏀

美國知名暢銷作家麥爾坎‧葛拉威爾，在其著作《決斷兩秒間》（Blink），即在探討「瞬思力」如何透過經年累月的孕育，在人類的智慧裡茁壯，在潛意識裡蟄伏，靜待關鍵時刻一躍而出；就像運動員不需思考即能準確地揮拍擊球，把「專業」鑲嵌在「本能」之中，隨攜隨用，創造個人獨有的核心價值。

瞬間思考與審慎決策之間非但毫無衝突，甚至須由無數次審慎決策的過程構築而成。「瞬思力」高度濃縮審慎決策，從鎖定問題、情勢分析直到對策擬定之間的複雜程序，建制一座腦內資料庫，只須輸入某種問題指令，解答即能呼之欲出。長年燒菜的家庭主婦，不須量杯即可放水加鹽，炒出生熟適中、鹹淡合宜的美饌佳餚；看診多年的醫師，不須次次重演望聞問切，即能判斷病患何處機能失常；經驗老到的果農，不須敲打剖切，

即可斷言水果是否鮮美多汁。正如神經機制中的反射作用，遇燙縮手、見光縮瞳，壓縮反應時間，除了降低傷害發生，更能爭取時效，在最短時間內孵育最精鍊的成果。

理論千人可讀，經驗萬人可練，然而瞬思人才卻往往只能萬中選一。瞬思力固非一蹴可幾，然而一旦練成，就成為能隨時應戰的沙場猛將，在瞬息萬變、刻不容緩的新時代裡遙遙領先。誠如能敏銳洞察周遭環境以應變的狼，是公認最具瞬思力與即戰力的動物。號稱萬獸之王的獅子與行動最為敏捷的豹，都是在捕殺獵物之前先擬定策略再發動攻勢，但狼卻會在獵捕過程中依其形勢轉換目標。例如同樣是獵捕羚羊，獅子與豹會先觀察其習性再行出擊；而狼卻是在追趕羚羊的過程中，耳聽四面，眼觀八方，留意周遭無所防備的獵物，並及時轉換目標，有如囊中取物般輕而易舉。狼沒有獅子強壯，沒有豹的行動敏捷，更沒有鷹的眼光銳利，但其瞬思經驗與敏銳的行動力堪稱一絕，因此成為蒙古梟雄成吉思汗的代表，以及游牧民族世代膜拜的圖騰。

聽過「哈德遜奇蹟」嗎？這是發生在二〇〇九年一月十五日的美國，一架全美航空客機（U.S. Airways）在紐約布朗克斯市區上空，因疑似遭到鳥擊，兩具引擎全部停擺；擁有四十年飛行經驗的資深機長蘇倫伯格（Sullenberger），在起飛到決定迫降的寥寥數分鐘之間，冷靜而迅速地想遍所有應變管道，卻發現飛機可能無法支撐過久，最後緊急回報塔臺，以九十度大左轉迫降哈德遜河。在水面迫降必須冒著極大風險，然而蘇倫伯格憑著先前的滑翔機飛行員經驗，以兩百七十四公尺高度的低飛，挾高超技術緊貼河面滑行，奇蹟般地將飛機迫降在水面之上；在零下八度的低溫之中，機上一百五十五人全數獲救生還。蘇倫伯格的瞬思力，是他四十

年智慧結晶的爆發，不僅讓他本人，以及機上百名乘客獲救，更避免了飛機撞上曼哈頓市區可能造成的不堪後果，獲得了全球矚目的「英雄」美譽，更受邀參加當年美國總統歐巴馬（Barack Obama）的就職大典。

培養即戰力的五個關鍵

危機爆發不見得有跡可循，但個人能量的爆發卻可以聚沙成塔；它絕非天才或英雄的獨享天賦，卻可以透過學習和積累而逐步提升。僅憑亦步亦趨的「執行力」永遠無法脫穎群倫，只有身擁迅速執行的「即戰力」，方能創造分殊、展露獨特，讓自己不畏人才濟濟的廝殺爭逐，大嘆「舍我其誰」。中國數千年歷史中最強的兩支軍隊，要屬蒙古鐵騎與女真騎兵。蒙古鐵騎西掃歐亞、南滅金宋，釀成十三世紀令人聞風喪膽的「黃禍」，不僅個人戰鬥力卓絕，團體紀律與武器裝備更是不落人後，分則靈敏難以料勢，合則威猛莫之能禦；有「女真滿萬不可敵」之譽的女真騎兵，更是創造了無數以少勝多的軍事典範，在當年完顏阿骨打率領之下，以不滿五千之師，大破遼軍十萬人；除了成為對宋朝摧枯拉朽的惡夢，其後代子孫更繼元代成為第二個破關入主中原的外族。

促成兩師所向披靡，擊破規模迷思，創造以小搏大奇蹟的關鍵，正在於「速度」二字。蒙古與女真皆為北方游牧民族，兵牧合一，在生產組織與軍事組織的完美結合之下，秣馬同時厲兵，累積出牧場即為戰場的「即戰力」，不僅不畏偷襲，反而善於偷襲，在轉瞬之間攻其不備，一舉而竟全功。反觀中原華夏民族，世代以農為本，大戰之前必須整兵備馬、張羅後援，所謂「大軍作戰，糧草先行」是也。但徵集並運送大量糧草往往耗時經年累月，不僅易於打草驚蛇，喪失突擊優勢，倘若遇到外敵偷襲，

更容易措手不及，潰不成軍。前往目標的途徑，都是由不同的戰場拼組而成，面對每一場未知的即時戰鬥，戰前預備都是空想，只有隨時全副武裝、枕戈待旦，在最短的時間內綻放最完美的戰績，才能打造自身的無可取代，拉近航向成功的距離。

培養迅速執行的即戰力主要有五個重要元素：

1 培養足夠經驗

由前述例證可知，「經驗」絕對是瞬思力與即戰力的堅實後盾，不可能一蹴而幾。沒有經驗，就像尚未安裝任何軟體的電腦，沒有文字編輯軟體可以編寫文件、沒有收信軟體可以對外聯繫、更沒有瀏覽器可以搜尋資訊，非但不是「萬能」，甚至會落得「萬萬不能」。因此，「即戰」目的的達成，絕對要有豐厚經驗的加持。

2 精選資訊品質

人類的腦袋宛如海綿，在知識的不斷加諸下漸趨飽滿，但它很難區分液體的種類，汲取的可能是果汁、可樂，也可能是白開水。而瞬思力不由龐雜的知識組成，只有與眼前的問題相關的經歷，才需要瞬思力「瞬間提取」的資訊。因此，過多不必要的資訊非但不屬於「資源」，反而會成為判斷時的累贅，這些都需要個人適切的取捨。例如透過關鍵績效指標（KPI，Key Performance Indicator），掌握提升表現與績效管理的主軸，滌除其他不必要考量的紛擾。可「割」可「棄」，才能邁向成功！

③ 平日即戰時的準備

「機會是給準備好的人」，因而準備絕對是實現目標不可省略的步驟。然而這個步驟可長可短，當「準備」得以成為轉瞬之間的動作，離即戰力的養成就近在咫尺。所謂「戰」不只意謂狹義的「困境」，它更廣義地泛指所有成功之途可見的「機會」，即時應用自身唾手可得的即戰能力，就能在開疆拓土時節省不少虛耗的力氣。

④ 小心偏見

偏見乃是結合社會規範，打從幼年就在社會化歷程當中與人格同步發展的產物，因而當我們意識到被偏見誤導，卻往往已經難以捨棄。偏見也會在這個「靈光乍現」的瞬間貢獻一臂之力，這道力量是好是壞，則必須視情況而定。例如偏見讓我們認定某些種族較為優越或較為劣質，然而隨著那些飽受汙名的種族漸漸嶄露頭角（黑人也可以成為美國總統），此時偏見就會成為瞬思力的絆腳石。心理學上有所謂「預示效果」（Priming Effect）的概念，它指出我們常在日常生活中不知不覺地接收各種資訊，並且內化成為「潛意識」的範疇，這樣的過程連我們自己都難以察覺。因而當偏見在我們的意識中發揮作用，對某些事物預設立場，使我們做出誤導判斷的可能，即會高過於經過深思的客觀判斷。

⑤ 扁平化：打破科層思維

疊床架屋的科層管理（Hierarchy management），就像串聯電路系統，只要其中一個燈泡出錯，就會使得整體系統無法運作；反之，扁平化的組織架構，則如並聯電路系統，不會因單一線路的功能失靈而全體崩

盤，因而流程大幅壓縮，速率高度飛升。就像搜尋引擎龍頭Google的扁平化組織，幾乎每位員工的職銜都是「工程師」，任何創意都可直接上達天聽，因而能夠擁有轉瞬即發的思考力、即戰力與執行力。因而，即戰力固然是一把成功金鑰，但它必須被鑄造成正確的形狀，並且清除各種斑汙鏽蝕，才能在關鍵時刻一舉得勝，輕巧轉開機會的大門，即時吸收外部資訊、迅速激發個人潛能，掌握成功先機，笑傲人生戰場！

積極開啟機會之窗

Kobe Bryant說：「我還能像以前一樣跳躍時跳過兩三個人嗎？不，我不行。我還能像我以前跑得一樣快嗎？不，我不行。但我還保有我的基本功跟打球的智慧，這也是讓我能一直成為主要球員的原因。成長過程中，我從來沒有跳過任何一個步驟，一直按部就班，因為我知道，運動員的生涯是短暫的。」

筆者認為：「未雨綢繆永遠是你應該做的事情，凡事有一定要有B計畫，畢竟黑天鵝、灰犀牛太多了，例如最近的武漢肺炎就是一隻超級黑天鵝，有許多公司因此而倒閉，倘若公司的重要計畫都有設計一套反脆弱的B計畫，將危機變轉機，反而能因此大獲其利。」

自我命運的控制，是成功的試金石。積極者感覺自己的命運操縱在自己手中，如果事情發展趨向不妙，他便迅速採取行動，尋找解決方法，擬定出新發展與行動計畫，並且博採眾說之長。消極者則覺得自己處處受命運的擺佈，因而遲遲不肯行動，認定自己無計可施，也不打算向他人求教或求助。美國賓州匹茲堡市卡內基美隆大學（Carnegie Mellon University）的心理學家麥可·沙爾說：「你的才能當然重要，但相信自

己一定能成功的想法，也是決定成敗的一個關鍵性因素。」卡內基也曾說：「建立自信，相信自己終將成功。」積極的人與消極的人在遇到同樣的挑戰和挫折時，其採取的處理方式截然不同。一個人的性格如何，與他到底能成就什麼樣的作為密切相關。狹隘、保守、自私者也許能夠達成目的，但卻很難大放異彩，因為他無法發揮成就大業者的個性——如樂觀、進取、開朗等這些讓人積極向上的正面力量。

　　哈佛大學的個案研究報告指出，具備開朗樂觀的個性對一個人的事業意義非凡，更是成敗的關鍵所在。在一項專業課題研究中，美國賓夕法尼亞大學（University of Pennsylvania）的心理學家馬丁‧塞立格曼（Martin Seligman）和同事彼得‧舒爾曼（Peter Schulman），對人壽保險公司的業務員做了一項調查。結果，他們發現資歷較深的業務員當中想法較積極的人，他們的銷售成績，比想法消極的人高出百分之三十七。另外，在新雇用的人員中，積極者的銷售成績也比消極者要高出百分之三十。有鑑於此，保險公司破格雇用了一百名在應徵過程中本該落選，但有著明顯樂觀性格的人。這些人，在過去根本不可能被雇用，在這次卻出乎意料地被錄取，而他的平均銷售成績比公司其他營業員的平均成績還高出了百分之二十。

　　他們是憑什麼做到這一點的呢？按照塞立格曼的說法，積極者成功的祕訣，在於他們的「解讀方式」。當事情出了差錯時，積極者會去實地尋找出差錯的原因，消極者若非自憐自艾，就是怨天尤人，長久沉溺於負面情緒。若是事情進展順利，積極者會歸功於自己，而消極者卻會把成功視為一時的僥倖。維珍集團老闆布蘭森，十七歲時白手起家，旗下共計有音樂公司、航空公司等百餘種企業遍佈全球。他曾穿著婚紗出席公共場合，

贏得媒體瘋狂追逐；也曾搭乘熱汽球進行長途旅行；更曾因看好航空前景，舉債買下一架飛機，後來更是投注全力進行太空商業計畫，二○○九年底親自展示「航天飛船二號」（SS2），期待在不久的將來可以讓太空觀光成為常態旅遊。始終保持樂觀精神和赤子之心的他，腦中隨時都會浮現許多點子與創意，他相信自己「去做」的理由，永遠比「不去做」的理由多，更相信樂觀是最銳利的矛、最堅實的盾，能在「不可能」的襲擊下全身而退。哈佛大學教育學院教授克萊里・薩弗指出：「如果你能改變你的思想，從悲觀走向樂觀，就可以使你的人生改觀。」心理學家克雷格・安德森也說：「如果我們能引導人們更樂觀地思考，這就好比為他們注射了防止精神疾病的預防針。」匹茲堡癌症研究所的桑德拉・立維醫生曾對患有末期乳癌的婦女進行一系列的調查研究，發現平常比較樂觀的婦女在接受治療後，疾病不再復發的機率較高。樂觀影響的不只是精神層面，更具有締造生理健康的實用意義。

用運動培養樂觀個性

其實對抗憂鬱、培養開朗人生觀的辦法有很多種，但最具經濟效益的則莫過於運動。因為運動可以刺激大腦內激素的分泌，產生令人愉悅的物質，使人卸下低落和悲傷的重擔。因此，各位讀者不妨在放學或下班後，花點時間運動吧！不管是上健身房或在家做做有氧運動都好。別脫了鞋子就往沙發上躺，那種不需花費大腦思考，讓你一笑就忘的電視節目，效果肯定沒有運動好。我的一位熱愛運動的朋友（大家都公認他是一位成功者）曾經這樣說過：「我在運動時，不但可以暫時轉移對工作的注意力，擺脫因白天工作所累積的負面情緒。而且，我還建議大家如果可以的話，

試著打打沙包，把它當作上司或對手的腦袋，消消氣會更好！」

蓄積正面思考的能量在亞馬遜網路書店榮獲四點五顆星評價的《差異製造者》作者約翰‧麥斯威爾（John Maxwell），在其著作中提及一個故事：一名海軍陸戰隊隊員，不幸在韓戰中遭到八個敵軍部隊圍攻，四面環敵，幾乎山窮水盡；但他卻樂觀地說：「敵人既在我的左邊，也在我的右邊，既在我的前方，也在我的後方，我倒要看看他們還能往哪裡逃！」

知名的大提琴家馬友友就是樂觀主義的最佳代言人。有一次，他為了趕赴一場重要的表演，在趕往飛機場的途中，汽車突然爆胎，然而他並沒有氣急敗壞，而是平靜地等待救援，一邊不疾不徐地拿出琴，在馬路邊拉起悠揚的海頓大提琴協奏曲，不僅平撫了自己，更激勵了許多目睹一切的群眾。

在認知到積極思考的正面能量，能為我們開啟機會之窗後，再按照下方由美國心理學家史蒂夫‧豪隆提出的方法去做，保有一顆樂觀的心，就能以積極的意念光點，迸發出人生中驚人的積極火光。

① 第一步是先對自己誠實

在不如意的事情發生時，仔細注意自己的想法，把最先浮出腦際的感受，不加修飾也不加增刪地寫下來。

② 接著做一個試驗

意即做一件與消極反應相反的事。例如，當你對現有的工作不滿，又覺得不可能找到更好的工作時，不妨做出與此想法相反的行為，例如去看徵才廣告，寄出幾份履歷表，親赴幾場面試。

③ 密切留意「觀察期」

注意事情的發展，以驗證你最初想法的對或錯。「如果你所處的環境使你抗拒，那就改變它，不然就改變你看事情與思考的角度。」豪隆說：「這是一種很好的辦法，雖然不一定都能奏效，卻能提供你一個機會。」或許你的困境並沒有你想像的那麼糟，給自己一段「觀察期」吧！同時，在達到目標的過程中，也必須要考慮到失敗的可能性與解決機制。列出解決所有失敗的幾帖良方，以及它們各自的可行程度，若是不到走投無路，不要輕言放棄。

④ 冷靜地作出決定

千萬別陷在絕望的深淵，一直反覆地「品嚐」挫敗的酸澀。事實上，你只需考慮：是繼續走這條路嗎？還是改變路上的景觀？當然，也可以決定乾脆換條路走吧！

日本知名企業顧問神田昌典說：「想以最快的速度成功，就要與周遭那些經常發表負面言論的個人與團體保持距離。」積極的想法能帶給你積極的行動和反應，否則反之。無數事實與科學研究已經證明，只有積極振奮才能影響個人，進而影響世界，否則只會耽溺在空虛的怨懟之中，永遠與成功絕緣。

10 Kobe Bryant の「付出」

The most important thing is to try and inspire people so that they can be great in whatever they want to do.　　*~Kobe*

最重要的事就是去努力嘗試與激勵大家，使他們能夠在想做的事上大放異彩。

　　Kobe Bryant是個十分樂於付出、給與分享的人，他慣於毫無保留地教導其他球員他所知道的一切，而且在慈善公益上也不落人後。

　　塞爾提克明星後衛Isaiah Thomas曾說，他在妹妹過世、塞爾提克首輪陷入0勝2敗的危機時，Kobe Bryant曾給了他諸多的指導。對此Kobe本人在受訪時說，對於來詢問請教的NBA球員，他不會有任何保留。不過他也笑說：「你絕對無法知道誰會來找我。」

　　且Kobe不僅指導了Thomas，騎士的Kyrie Irving、火箭的James Harden、雷霆的Russell Westbrook、爵士的Gordon Hayward也都與他有頻繁的互動。Kobe說：「我隨時都在，任何人都可以來找我，我就像是一本開放的書。」

　　對於Thomas當初的請益，Kobe說：「我只是跟他說，『聽著，我不知道你是否決定要不要打，但很顯然，沒有人能體會你當前的處境』，但我也跟他說『我只能給你的一個小小建議，如果你想打，那就放手去打，或許你能因此在球場上找到平靜』。如果你還需要什麼建議就來問，我都在。」

　　Kobe事後表示：「我很高興能幫助他，他有勇氣提問，我在年輕時

也向麥可‧喬丹做同樣的事。」事實上，喬丹還鼓勵Kobe去找其他退役名將，Kobe也聽取意見，向Kareem Abdul-Jabbar、Jerry West、Magic Johnson、Bill Russell、Hakeem Olajuwon、Larry Bird等人請益。而這正是Kobe退休後樂於幫助後進的主因，因為這就是傳承。

不過，當被問到退休，Kobe表示他一點也不會感到痛苦與遺憾，Kobe說：「我一點也不會想念球員時光，這很瘋狂是吧？我喜歡現在所做的事情。」

著名的公益慈善項目網站 Omaze，常與明星們合作一些獨家的活動，將活動放在 Omaze平台進行慈善募款。Kobe Bryant也與 Omaze 合作，設置了十一個不同的捐款金額，除了可得到簽名球與Kobe XI Elite Low Nike Shoes 簽名鞋等紀念品。在其NBA生涯NBA最終戰，Kobe與Omaze合作舉辦「捐錢抽門票」活動，他捐出位在紀錄台後方看台第一排的兩張門票抽獎。Kobe為了募集更多人參與，還拿著海報拍宣傳照，海報寫著：「想在我的最終戰在球場邊和我擊掌嗎？」甚至還加碼送親筆簽名籃球和球鞋給高額捐款人。

當年Kobe的父親Joe Bryant在接受滾石雜誌專訪時曾經很驕傲地形容自己兒子說：「就算是Kobe不是一名籃球員，他在其他領域也會成功，這些和他體能天賦沒有關係，而是在於他的個性與處事態度，這才是他會成功的主要原因，當他能成功將天賦與態度結合，我們就能見到一個超級巨星，就像麥可‧傑克森同樣的等級。」

所以這就是為何Kobe Bryant能有如此渲染力激勵了許多年輕人，因為他總是敢於全心全意追求自己的夢想，堅持到底、絕不放棄，迎難而上，除了克服挑戰、相信自己、信任隊友之外，為了奪冠、為了他的籃球

夢，他願意付出一切。

助人不只是快樂之本，更是賺錢之本！付出者收穫，樂於助人，就注定成功。中國人常說「吃虧是福、有失才有得」，《聖經》上也說「施比受更有福」。但人們總是認為，在商業社會，惟有競爭與攻城掠地者更容易成功，如果在利益上頻繁吃虧，可能很快撐不下去。不過，那些樂於助人的慷慨人士，更容易成功，因為成功不僅依賴於天賦和勤奮工作，也取決於如何與人互動。很特別的是這不是一個贏家全拿的世界，願意給予的人，往往反而能夠獲得更多。

先給，後得

世界上分成三種人：一種是索取者，即只願意服務於自己，總想獲得的人；一種是互利者，他們要求公平交易，即付出多少，也要得回相同回報的人；第三種是給予者，即那些總是樂於為別人提供幫助的人。

有統計調查發現，高居金字塔頂端的成功人士也是「給予者」，並非「索取者」或「互利者」。一項發表在《美國國家科學院院刊》上的研究成果也顯示，如果從長遠角度來考察成功，慷慨要勝過自私。但是沒有原則的給予也是危險的，容易被壞人乘虛而入。要學會善用給予的力量，當個睿智的給予者。那什麼才是睿智的給予者呢？

願意幫助別人的人容易成功。願意給予的人和只想獲取的人在世界觀上有根本分歧。後者基本上認為其他人應該圍著自己轉，更強調個人經驗。在另一方面，給予者則表現得更樂觀，一個樂觀主義者，會從好處想問題，更容易看到他人優點。他們總是時刻準備好去幫助別人，而不會考慮自己的利益。

愛因斯坦（Albert Einstein）說：「我不知道你們的天命會是什麼，但是我知道，你們當中只有那些曾經尋求，並發現了如何去為別人服務的人會真正快樂。」

美國作家亨利‧米勒（Henry Miller）說：「如果你想要成功的話，就為人服務吧，這是生活的最高原則。為人造福的人就在偉大的僕人當中，這是獲得成功最佳途徑。給予而後，你會被給予。把社會當成你的債務人，你便會在不朽者之中發現自己的位置。」

「多做一點點」也許是微不足道的，但是，就是這微不足道的一點點，就能讓你的工作結果產生巨大的變化。盡職、盡責完成自己分內工作的人，只能是一名合格的員工，但是如果每天多做一點點，就可以成為一名極優秀的員工，在未來的職涯上發光發熱。記住：付出者終將收穫。

在哈佛大學的校門上（Dexter Gate），寫著這樣一句話：「為增長智慧走進來，為更好地替國家和人民服務走出去。」（on the outside, Enter to grow in wisdom；on the inside, Depart to serve better thycountry and thy kind.）對哈佛大學來說，這是一條教育學生不泯的真理，校方也將服務社會作為其永恆的信念之一。

對於財富，哈佛認為，不論是一個人，還是一個企業，只有在體現先為他人貢獻價值，先做事，後賺錢。也就是說只有在體現自身價值之後，財富的擁有才會成為水到渠成的事。到那時候，財富往往就會自動找上門來，「先給後得」，這不只是簡單的邏輯關係，而是一條不滅的社會經濟學規則。

一個人若對他人與社會有所幫助，心中就能充滿喜悅，這樣的人生也才能夠稱為「真正的」成功。我們的成就取之於社會，無論是大成就還是

小成就，都理應對社會與周遭的貴人心懷感恩，也應理所當然地對社會有所回報，如此我們的生命才更有價值，這樣的良善也才能永遠傳承下去。

比爾·蓋茲曾說：「微軟需要和全世界各國的政府保持良好關係，因為我們的產品製造成本很低（軟體），資訊的力量是如此直接地表明我們是誰，我們想做什麼，不誇張，我們在一百個國家都捐獻出了大量的軟體，我們甚至捐獻金錢。我們培訓老師。我們必須確保我們有足夠的遠見，我們必須確保我們的員工也有足夠的遠見。當我們參與政府的訂單競爭時，我們提醒公眾，我們在你們的國家一直是個好公民。我不能用具體數字向你證明這是理性的，我想這有些過頭了，但和做這些事相比，微軟絕對可以因此發展得更好。」

比爾·蓋茲是世界上最會賺錢的人，因此他也深諳如何透過幫助他人，讓自己也能繼續賺錢這樣名利雙收的事。不僅蓋茲，許多超級富豪都懂得這個道理，他們不會將賺錢這件事作為孤立的一項工作，而是懂得借助外力。當在借助外力的過程中，還能讓外力幫助自己再度從中收益。

例如蓋茲曾指出：「世界上是有『雙贏』這回事的。如果你能提供良好的客戶服務，那你就可以誇耀自己的客戶服務做得有多棒；如果你能透過幫助一個國家的窮人來讓政府喜歡你，那麼你既能獲得政府的歡心，還能表揚自己說你幫助了這個國家的窮苦人民。若能做到這些，對生意的發展與壯大無疑是極有幫助的。」

2019《彭博》公布的「億萬富豪指數」，首富比爾·蓋茲首度滑落至第三名，有一說是他捐款超過一兆台幣導致財富縮水，但比爾·蓋茲仍樂此不疲，更成立基金會致力研究流行疾病。巴菲特與比爾·蓋茲（Bill Gates）這兩位好友更是有志一同，拚投資、事業，同時也很樂於慈善捐

款。提到這兩位富豪好友,都是全球公認的大慈善家。巴菲特持續履行承諾,捐出大部分的財產行善,最近一次就是由波克夏海瑟威公司捐出價值約三十六億美元的股票給五家慈善基金。

對人真心的付出永遠不吃虧,懷抱熱情理想貢獻社會,始終換來社會大眾的熱情擁抱。助人行公益,種植福田,利人又利己。

如果有能力回饋社會,沒有藉口不做

活躍於NBA場上的Kobe在場外經常參與公益活動,為慈善出力。他長年關注弱勢兒童的成長,經常為美國「ASAS」公益組織擔任代言大使,投入課後輔導與照顧的工作。另外,他也在中國為兒童的教育、健康照護等公益事項募款。

洛杉磯市長賈西迪(Eric Garcetti)接受電視台訪問時說:「有別於其他球員,因交易或轉隊而離開,Kobe最獨特的是,他對這座城市忠心耿耿,二十年如一日,效力洛杉磯。他除了是愛家的男人,也很熱心公益,樂於幫助遊民與兒童。」

據了解,Kobe生前共五次訪台,熱愛從事公益活動的他,二○○六年還曾與世界展望會合作,捐款協助新竹縣五峰鄉重建體育館。當時他曾表示:「不論你是籃球好手或是其他公眾人物,你就是大家的模範,可以激勵、幫助、和引導他們。我很喜歡這麼做,也很幸運能這樣做。」

莫拉克颱風襲臺,重演臺灣史上最嚴重的水患「八七水災」,造成百餘人喪生,無數家園付諸流水,農產與設施損失高達數百億。眾多名人企業相繼慷慨解囊,亞洲首富李嘉誠捐款一億元、臺灣首富郭台銘捐款四億元、長榮集團捐款逾五億元、台塑集團捐款三億元、台積電捐款逾一億

元⋯⋯還有更多為善不欲人知的無名援手,共同為南臺灣的苦難盡心盡力。眼淚無法洗刷當地堆疊成山的泥濘,溫情獻愛卻能撫慰災變下殘破的心靈。

這些不在哀鴻遍野中缺席的聲音,不僅抬眼遠眺國際,雄心勃勃拓展事業版圖,也同時俯視本土,無私無我實踐人溺己溺。

成功,絕對不是永遠朝上仰望目標的線性旅程,絕對不是永遠取法先進國家與巨富名人的單向國度,若能俯視弱勢群體與草根文化,為它們夾縫間的掙扎略盡棉薄,因它們質樸卻強韌的生命鼻酸感動,將會發現目光向下,原來也可以是一種仰望!

歷年全國傑出青年獎章最年輕的得獎者沈芯菱,一九八九年出生,十二歲開始自學電腦,十五歲時即考取三十一張電腦證照,尚未成年即囊括總統教育獎等無數獎項,秉持「用鍵盤打造知識公益、用滑鼠弭平社會斷層」的理想,設立「安安免費教學網站」、「守護臺灣柳丁」、「臺灣媳婦學習網」等公益教學網站。十四歲時,沈芯菱賺進第一個一百萬,這筆令人驚嘆的數目,她卻涓滴歸「公」,全數挪為公益之用。

「物質生活貧乏的磨練,讓我即使在不熟悉的地方,都能安然適應;身為弱勢,我更能體會弱勢,挺身而出、伸張公義。」負債累累的父母只有國小畢業,沈芯菱五歲即跟著父母四處奔波,擺設流動攤販,無法接受幼稚園教育。出身貧寒的她,確實仰望著知識與財富,並且不遺餘力地追求;但她更同時仰望著偏遠城鄉、外籍配偶、清寒子弟與務農族群,一方面折服於他們與環境的搏鬥,一方面更用自己的力量,為他們許諾更好的生活。

中華民國紅十字會總會會長陳長文律師說:「幸福是個總體概念。我

們自己一個人幸福、而其他人不幸福的時候，事實上是沒辦法成就自己的幸福的。」沒有人是在追求成功時踽踽獨行，途中每一個身影，都是我們的成功共同體。

向社會的邊緣伸出援手，同時也是對自我的一種證明。從事家務是理所當然，上班就業則隨時有遭到取代的風險，但獻身公益與慈善事業，卻能尋得一個貢獻與付出的社會位置，從回饋中加強自我肯定。

致富是為了什麼？

人因感恩而值得信任、值得幫助，財富也因感恩而不斷增加其內在的價值。當我們若能從懷抱夢想、一貧如洗，踏入擁有財富的寬裕之時，一定要能懂得感恩。感恩這個時代，給了我們機會；感恩我們的客戶，讓我們有存在的理由；感恩我們的合作夥伴，跟我們一起流血流汗打下了江山；感恩我們的員工，給予我們實質的幫助；感恩我們的同事，因為任何人的成功皆緣自於多數人的幫助；感恩我們的家人，在艱辛之時給予我們支持和鼓勵……。

許多人都知道，李嘉誠還有一句名言：「我的錢來自社會，也應該用於社會。」

獲得無盡的財富是人人都嚮往的事，但認識金錢的真實價值就需要有正確的觀念、良善的心靈和智慧的選擇。我們也許有一天能擁有很多財富，誰都一樣，但不斷賺取金錢的人生，就等於幸福的人生嗎？金錢就是人生給的全部價值嗎？這顯然並非如此。

曾有人問比爾‧蓋茲，致富是為了什麼？蓋茲從他自己的角度敘述了兩個目的：一是「追求自我幸福」，二是「關愛他人」。這與經濟學之父

亞當・史密斯（Adam Smith）在《道德情操論》（The Theory ofMoral Sentiments）當中的表述不謀而合。而蓋茲本人在完成第一個「自利」的目標後，開始轉向第二個目標「造福他人」。

蓋茲早在一九九四年就以父親威廉・蓋茲（William Henry Gates，Sr.）的名義創立基金會，一九九七年又創立了蓋茲圖書館基金會。二〇〇一年，他將這兩個基金會合併，與妻子共同創辦比爾與梅琳達・蓋茲基金會（Bill & Melinda Gates Foundation），是全球最大的慈善基金會，該基金會資金約有五百億美元，為維持作為一個慈善基金會的地位，蓋茨每年必須捐贈其全部財產的5%，即十五億美元以上。二〇〇五年，蓋茲過五十歲生日的當天，他許諾將捐出個人財產的98%給該基金會，為人類造福。

無獨有偶，二〇〇三年時，股神華倫・巴菲特（Warren Edward Buffett）的妻子蘇珊（Susan Thompson Buffett）重病手術後兩個星期（隔年歿），巴菲特在喬治亞州理工學院演講時說道：「等你們到了我這個年紀就會明白，衡量你的人生是否成功的真正標準，是看看你希望愛你的人當中到底有多少人真的愛你。」

「我認識一些非常有錢的富人，有人為紀念他們舉辦盛大的宴會，有人在醫院大樓的外牆上刻上他們的大名，但是在這個世界上，其實沒有什麼人真正愛他們。如果你活到我這把年紀，卻沒有人發自內心地說你好，不管你銀行帳戶裡的錢再多，你這輩子都活得太失敗了。」

「愛這個東西，最麻煩的是你有錢也買不到。你可以用錢買到性，買到宴會，買到媒體對你的讚美和宣傳。但得到愛的唯一方式是讓你自己值得被愛。擁有很多錢是很令人討厭的事。你總以為自己可以隨時拿出一大

把金錢：『我要買幾百萬元的愛。』但事情根本不是這樣的，你付出的愛越多，你得到的愛才會越多。」

二〇〇六年，巴菲特宣布將一千萬股左右的波克夏公司股票，捐贈給比爾與梅琳達‧蓋茲基金會（以當時的股價計算，約為四百三十四億美元），這是美國有史以來最大的慈善捐款。巴菲特的子女能繼承他財產的部分，比例並不會太高。這與他過去一再地表示，不願意讓大量財富代代相傳的想法是相當一致的。他更曾表示：「我想給子女的，是足以讓他們能夠一展抱負，而不是多到讓他們最後一事無成的財富。」

巴菲特更於訪談中，提到了他對財富的想法，他這麼說：「我認為在個人財富的累積上，社會才是真正的幕後功臣。如果我身在孟加拉、或秘魯這類國家，所有的才智都將是毫無用武之地……在市場經濟的系統下，正好能讓我充分發揮專長，而且所獲得的財富更是不成比例。」

「如同拳王泰森（Mike Tyson）一樣，只要能在十秒內擊倒一個人，便可賺取一千萬美元，而且全世界都願意付錢給他。同樣地，打擊率高達三成六的棒球選手，世界也很願意付錢給他。但若換成是一個出類拔萃的教師、一個不可多得的護士，可能就沒人願意付錢了。」

「而現在，我想做的是改變這樣的社會價值系統，讓它有重新調整的可能。當然，我們不見得辦得到，但當這個社會可以讓一個具有特殊才藝的人，獲得無比的消費能力。也許你有一副好歌喉，不管是上電視或其他場所，每個人都不惜花大錢請你演出。我想，你能夠獲得的好處就是『取之於社會，而你也必須報酬的』。」

在你追求人生成就的路上，永遠將回饋周遭的人與社會這件事，放在心上。

［附 錄］

★ Kobe Bryant 小檔案

★ Kobe Bryant 的勵志語錄

★ Kobe Bryant 大事年表

Kobe Bryant 小檔案

個 人 檔 案	
生迄	▶ 1978 年 8 月 23 日～2020 年 1 月 26 日
身高	▶ 198 公分
位置	▶ 主打得分後衛
職業生涯	▶ 1996 年～2016 年
外號	▶ 有「黑曼巴」之稱
球衣背號	▶ 號碼 8、 24
效力球隊	▶ 洛杉磯湖人隊

生涯紀綠

★ 5 次 NBA 總冠軍（2000、2001、2002、2009、2010）

★ 2 次 NBA 總決賽 FMVP 最有價值球員（2009、2010）

★ NBA2008 年年度最有價值球員

★ 18 次入選 NBA 明星賽（1998、 2000–2016）

★ 4 次 NBA 全明星賽最有價值球員（2002、2007、2009、2011）

★ 11 次 NBA 第一最佳陣容（2002–2004、 2006–2013）

★ 2 次 NBA 第二最佳陣容（2000、2001）

★ 2 次 NBA 第三最佳陣容（1999、 2005）

★ 9 次 NBA 第一最佳防守陣容（2000、2003、2004、2006–2011）

★ 3 次 NBA 第二最佳防守陣容（2001、2002、2012）

★ 2 次 NBA 得分王（2006、2007）

★ 2 屆奧運會金牌：2008 年北京、2012 年倫敦

★ 1997 年 NBA 灌籃大賽冠軍

★ 1997 年 NBA 最佳新秀陣容

生涯數據

★ 得分紀錄 →

- 33,643（平均每場 25.0 分）位居 NBA 史上第四高僅次賈霸、馬龍、詹皇，更是史上總得分最高的後衛。

- 單賽季場均 35 分，單場最高 81 分，僅次張伯倫（118 分）、喬丹（31 分），名列史上第三多。

★ NBA 歷史上生涯最終戰得分最高球員（60 分）

★ 籃板 → 7,047（平均每場 5.2 個）

★ 助攻 → 6,306（平均每場 4.7 次）

以上資料來源：維基百科

Kobe 的經典時刻

★ 2000 年 NBA 季後賽 ★

西區決賽第七戰，湖人與波特蘭開拓者連場惡鬥，湖人第四節還落後給開拓者 15 分，但在 Kobe 高拋給歐尼爾的空中接力下，湖人完成超級大逆轉，贏盡主場球迷熱烈掌聲。是役 Kobe 全場砍下 25 分 11 籃板 7 助攻，外加 4 蓋帽。

★ 2010 年 NBA 總決賽第七戰 ★

Kobe 在 2000 至 2002 年與歐尼爾合作奪得 NBA 三連冠後，2009 年再奪一冠，2010 年則於對波士頓塞爾提克隊的總決賽第七戰報捷，贏得生涯第五座總冠軍獎盃，雖然他在該場「搶七戰」只是 24 投 6 中，獲 23 分和 15 籃板，以 4：3 成功復仇塞爾提克，取得兩連冠。令他蟬聯

NBA 總決賽最有價值球員（FMVP）。

★ 2003 年 3 月 29 日 ★

2003 年湖人與巫師一戰，Kobe 在喬丹頭上狂砍 55 分。全場 29 投 15 中，三分球 13 投 9 中，攻下 55 分 5 籃板 3 助攻 3 抄截的變態數據，光是在上半場他個人就拿下 42 分，彷彿是要向喬丹證明他就是有這種能耐，而他最終也真的做到了，成為少數能獲得「籃球之神」認可的球員。

★ 2005 年 12 月 20 日 ★

Kobe 在對達拉斯小牛隊的比賽，前三節比賽中獨得 62 分，以個人表現而論可能較他對暴龍單場攻入 81 分更為突出。Kobe 這場只上場 33 分鐘，由於完成三節比賽後，小牛隊得分比 Kobe 個人所得更少，只有 61 分，湖人領先太多，所以 Kobe 第四節都沒有再上場。

★ 2006 年 1 月 22 日 ★

湖人勝暴龍 122：104 之役，攻入生涯最高的 81 分。Kobe 在該場比賽上陣 42 分鐘，46 投 28 中及射入了 18 罰球，全場攻入 81 分，是僅次 1962 年張伯倫射入 100 分的史上第二最高得分。

★ 2016 年 4 月 13 日 ★

球員生涯最後幾年受到傷患困擾的 Kobe，2016 年 4 月 13 日在對爵士的 NBA 生涯最後一戰攻入 NBA 該季最高的 60 分，個人在第四節得分以 23：21 壓倒爵士，湖人以 101：96 勝出，完美謝幕。當時 37 歲零 234 天的 Kobe 亦成為 NBA 史上單場射入至少 60 分的最年長球員。

經典時刻立即看
https://nbachina.qq.com/kobeVSteams.htm

Kobe Bryant 的勵志語錄

　　Kobe Bryant 說過許多激勵人心的話，當你遭受挫折或是覺得人生沒希望了，看看這些句子，感受 Kobe 對夢想的努力與執著，用心體會，你會發現這世界還是充滿希望的，這些句子常常在我失意時鼓舞著我，每每都能重新燃起動力和決心，希望對你有所幫助。

＊ 向最優秀的人學習，則是我該去的地方！

＊ 持續努力是每天該負的責任！

＊ 你不可能比我更棒，因為你花費的時間沒有我多！

＊ 不要只是說你會嘗試，不要只是嘗試！

＊ 你要比其他人更努力嘗試！

＊ 你會很高興自己這麼努力！

＊ 你也值得這樣的成功！

＊ 你必須全面的提升！

＊ 要練習在球場任何位置跳投！

＊ 你必須能夠在任何地方自信出手！

＊ 如果你不努力練習，所有動作技巧都不會管用！

＊ 要練習，堅持不懈練習！

＊ 當你感到自己掌握到一項技巧，就再練習其他的技巧！

* 將所有技巧都練到近似本能反應的行為！

* 沒有比別人有天分，那就更努力！

* 有沒有做到不是重點，重點是必須努力付出全部！

* 沒有到最後，絕對不能放棄！

* 一旦你知道失敗的感覺是什麼，就會決心追逐成功！

* 我熱愛挑戰！

* 我從不逃避任何挑戰！

* 我就是要成為那百萬分之一的人！

* 如果 MJ 與 Magic 都可以做得到，為何我就不能做到！

* 我現在所做的一切，都是為了追求更加完美！

* 為了取得比賽的勝利，要我做什麼都可以！

* 我只是想盡我所能地去成為最出色的籃球運動員！

* 壓力、挑戰，這一切消極的東西都是我能夠取得成功的催化劑！

* 我不想成為喬丹第二，我只想成為 Kobe Bryant ！

* 我正在跟偉大的球員進行對抗，這種對抗是我一直都渴望著的！

* 父母仍然是我打籃球的支柱，只有他們自始自終都支持你！

* 有時候我確實很想知道大學生活會是什麼樣子的，但我還是堅持我的決定！

* 我只是不停地訓練，不停地訓練，直到我滿意為止！

* 我只是不停地激勵自己，不停地激勵自己！

* 如果你想要做某些事情，你可不能半途而廢！

* 盡力且完美地完成那些事，這就是事情解決的唯一途徑！

* 我把每一場球賽都視為我的最後一場！

* 只有我才能使自己停下來！

* 要相信你的夢想可以實現，並且努力為它奮鬥！

* 他們不可能打倒我，除非殺了我，而任何不能殺了我的就只會令我更堅強！

* 我不用迷信和害怕任何人！

* 我總是覺得我會投失前 20 投，並且相信那第 21 球一定會進！

  我只是不停的奮鬥！

* 我要享受美好的一面了！

* 我不要往回看！

* 永遠相信自己，無論別人怎麼看！

* 從原來的世界中醒來並不容易，而退出就簡單多了！

* 我沒有退出，我奮鬥著度過了最艱難的時期！

* 強者生存！

* 我就是我！

* 誰想要防得我崩潰，我就會在我崩潰之前讓他崩潰！

* 你會感到疲累、猶豫，甚至沮喪的程度，但你不許放棄！

* 勝利不會是奇蹟，有一種天才是從堅定不移的信念中誕生！

＊ 我不想和別人一樣，即使這個人是喬丹！

＊ 踏入勝利的天堂前先要經過苦訓的試煉！

＊ 流光所有的汗水，用盡所有的力氣，別讓身體停下！

＊ 我只是盡可能地發揮自己的最高水準！

＊ 我渴望成為一名偉大的球員！

＊ 我感到自己非常幸運，看到發生的一切，我覺得自己真的很幸運！

＊ 你必須要挺過這些，那是一段可怕的時間！

＊ 把不可能變成可能，不要在意別人的質疑！

＊ 不要畏懼傷病和年齡，我會永遠戰鬥下去！

＊ 你，不是我的對手！

＊ 我們有著一顆冠軍的心！

＊ 我在證明自己是最好的球員！

＊ 我得到了祝福，因為我得到了祝福，我才能在比賽中有這種表現，我真是太幸運了。

＊ 我是聯盟最好的後衛。也許我不是最好的球員，但我認為沒有人比我更出色。

＊ 誰說我已經完蛋了，那些質疑者都是蠢蛋。

＊ 我柯比·布萊恩有我自己的打球方式，我不做喬丹二世，我要創造我自己的神話。

＊ 別像個孬種似的愁眉苦臉，甭管你被打倒了多少次，拍拍身上的塵土，笑著站起來吧！再笑著投入戰鬥。

* 這就是我的人生，誰也不要期望我怎麼活。

* 生命的有些時候，你必須去挑戰偉大。

* 當你在任何一個角度都可以把球投進時，你就不能停止去投籃了！

* 我從來沒有想過退縮，我的字典裡沒有妥協。

* 永遠要笑著面對生活。

* 在奮鬥過程中，我學會了如何打球，我想那就是作為職業球員的全部。你明白了你不可能每場都打得很好，但你不停地奮鬥就會有好事到來。

* 如果你想完完全全地了解一個人，最好的方法不是和他做朋友，而是做他的敵人，和他戰鬥。

* 就算世界拋棄了我，我還有籃球。

* 是的，有機會，只要沒有結束，就一定有機會。我相信結果會有所不同。

* 我可以比我更高大。

* 我是最好的！！

* 我們都會自我懷疑。你不用急著否認，但也不必向它屈服。你該做的，是擁抱它。

* 相信我，在一開始就把事情做到最好，將會省去你未來無數的眼淚和煩惱。

* 你放棄的那一刻，就是你讓別人贏的那一刻。

* 我按我自己的方式活著，按我自己的方式打球，我發誓我從未疲倦過，自從我加入聯盟以來，我身邊的隊友都說我「與眾不同」，也許我有一天會停下腳步，那一天就是我生命終結的那一刻！

* 生活就是生活，你會遇到很多事情。曾經我總是緊皺著眉頭想改變一切，不過現在我更願意微笑，或許多一點調侃。你也許會清楚生活的味道。

* 善用你的成功、財富與影響力，讓親近的人也找到自己最合適的位置，能夠體會自己的夢想到底是什麼，而真正的目的又在哪。

* 愛我或者恨我由你選擇，這就是生活。有的人討厭我的比賽，恨我的囂張，恨我的後仰跳投，恨我對比賽的痴狂，恨我總有冠軍戒指戴，但是也有很多人喜歡我，理由卻和恨我的人一樣。

* 這是你唯一一件可以控制的事情。你要為了別人會如何記住你——或根本不會記住你負責。所以不要掉以輕心。

* 獲得冠軍只是副產品，重要的是成為更好的自己。堅持自我，堅持對勝利的無限渴望，堅持學習，堅持努力——這就是黑曼巴的精神，是成功的秘訣。

* 我們不後退，我們不退縮，我們不逃跑，我們堅持，然後征服對手。

* 我一定要贏了自己，贏了傷痛，能夠重新返回賽場。這樣才能讓那些懷疑我的人重新思考，什麼叫將不可能變成可能。

* 八小時的訓練，痛的只是身體，但如果輸球，你痛的是心。

* 我只會繼續投，無論怎樣，哪怕跌了十次，我第十一次絕對會進！第十一次跌了，第十二次絕對會進！反正總會有進的那一球！

* 低頭不是認輸，是要看清自己的路；仰頭不是驕傲，是要看見自己的天空。

Kobe Bryant 大事年表

年份	事件
1978	8 月 23 日，於美國賓州費城出生。家中么子，有兩名姐姐。
1984	父親喬伊・布萊恩（Joe Bryant）前往義大利發展，全家人遷至義大利生活。
1991	一家人短暫搬回美國。
1992	父親喬伊加入法國籃球隊，一家人跟著遷居法國。
1994	回美國費城念書，進入勞爾梅里恩高中就讀，正式在美國定居。
1996	成為南賓夕法尼亞東南區籃球史上得分最高的球員。
	於 NBA 選秀第一輪中，被夏洛特黃蜂隊以第 13 順位簽下，又隨即被交易至洛杉磯湖人隊，便從未換過球隊。
1996-97 NBA 賽季	成為 NBA 史上最年輕先發球員（18 歲 72 天）。
	以經典的胯下灌籃，獲得 NBA 全明星週灌籃大賽冠軍。
	在新秀挑戰賽上代表西區，得到全場最高的 31 分。
1997-98 NBA 賽季	被球迷票選為全明星賽西區先發，成為史上最年輕的全明星賽先發球員。在第四節未上場的情況下，替西區明星隊奪得 18 分，僅次於麥可・喬丹的全場最高 23 分。

1998-99 NBA 賽季	正式成為球隊得分後衛先發，打滿整季 50 場比賽。
1999	於音樂錄影帶錄製現場認識妻子凡妮莎。
1999-20 NBA 賽季	湖人隊贏得 NBA 總冠軍，Kobe 21 歲便取得職業生涯第一枚冠軍戒。
	正值巔峰的 Kobe 和歐尼爾（Shaquille O'Neal）組成「OK 連線」。
2000-01 NBA 賽季	湖人隊視衛冕冠軍為首要任務，招攬前公牛隊的歐瑞斯・格蘭特，以三角進攻戰術稱霸全場，蟬聯總冠軍。
	在該球季取得職業生涯首次「大三元」的成績。
2001	與凡妮莎共結連理，但未受到長輩祝福。
2001-02 NBA 賽季	以 31 分、5 籃板和 5 助攻的成績，榮獲明星賽最有價值球員獎項。
	湖人隊三度贏得 NBA 總冠軍，完成三連霸。
2002-03 NBA 賽季	湖人隊四連冠衛冕失敗。
2003	1 月，長女娜塔莉亞（Natalia）誕生。
	爆發性醜聞，遭旅館女服務生指控性侵，公眾形象一落千丈。控狀在 14 個月後撤銷，女方發起民事訴訟，雙方達成庭外和解，賠償女方 500 萬美元。
2003-04 NBA 賽季	湖人隊為重新奪回總冠軍，補進卡爾・馬龍（Karl Malone）和蓋瑞・佩頓（Gary Payton）兩名明星球員，華麗陣容被球迷譽為「四大天王」。

	湖人隊以四大天王組合出戰，成績居太平洋組之首位，但此陣容仍於總決賽時敗於活塞隊。
	賽季結束後，歐尼爾被交易至熱火隊。湖人總教練菲爾‧傑克森也被魯迪取代。
2004-05 NBA 賽季	因性侵案形象受挫，遭受各界嚴厲的批判及審視。前總教練菲爾也出版一書，在書中多次批評 Kobe 的態度。
2005-06 NBA 賽季	菲爾回鍋總教練一職，與 Kobe 重新合作，帶領湖人隊重返季後賽。
	湖人主場對上多倫多暴龍隊，Kobe 得到個人生涯新高 81 分，創下 NBA 史上歷來單場第二高分的紀錄。
	成為首位連續四場比賽都可得到 50 分以上的球員。
	首次奪得 NBA 得分王頭銜，平均每場 35.4 分。
2006	5 月，次女吉安娜（Gianna）誕生。
2006-07 NBA 賽季	因球隊接連無法打進季後賽，Kobe 要求球隊立即補強，否則就要離開湖人隊，引發一陣合約風波。
2007-08 NBA 賽季	湖人隊重奪太平洋組及西區第一的位置，並在此賽季獲得職業生涯中唯一的 NBA 最有價值球員。
2008	隨美國國家籃球隊在北京奧運奪得他的第一枚奧運金牌。
2008-09 NBA 賽季	湖人隊在例行賽取得西區第一，再度進入總決賽，最後以 4：1 的戰績擊敗奧蘭多魔術隊，Kobe 也如願以償，首次獲得總決賽 FMVP。

2009-10 NBA 賽季	湖人隊目標二連霸，以 4：3 的總比分擊敗波士頓塞爾提克隊，如願蟬聯總冠軍，Kobe 也再次獲得總決賽 FMVP。
2011	12 月，因 Kobe 被媒體爆料和超過 100 位女性發生婚外情，凡妮莎以雙方之間產生「無法協調的分歧」為由申請離婚，爭奪兩個女兒的監護權。最後凡妮莎回心轉意，撤銷離婚申請。
2012-13 NBA 賽季	Kobe 被授予最偉大的麥當勞高中全明星賽 * 美國球員之一。 ★美國著名的高中畢業生籃球賽事★
	在倫敦奪下個人第二面奧運金牌。
	對陣費城 76 人隊，超越昔日老隊友歐尼爾，成為 NBA 史上總得分第五，魔術・強森稱他為「湖人史上最偉大球員」。
	在明星賽中取得 27 分，NBA 明星賽中的總得分來到 271 分，超越喬丹，成為 NBA 歷史上總得分第一。
	在與洛杉磯快艇隊的比賽中，超越前湖人隊傳奇球星魔術・強森，成為湖人隊史抄截王。
	對戰夏洛特黃蜂隊的比賽中獲得 29 分，生涯總得分突破 30,000 分，在 NBA 史上位居第五，是史上最年輕破 30,000 分的球員。
2013-14 NBA 賽季	以 150 多萬票再次成為明星賽人氣王，並連續第 15 次入選 NBA 明星賽，創造 NBA 新記錄。
	對陣達拉斯獨行俠隊，單場拿下 38 分，成為 NBA 史上最年輕突破 31,000 分的球員。

	4 月 13 日，對戰金洲勇士隊，在比賽剩下 3 分鐘時受傷，帶傷罰中兩球扳平比分後離場，經檢查為阿基里斯腱撕裂，當天便進行阿基里斯腱修復手術，醫生宣告要休息 6 至 9 個月。
	12 月 7 日，長達近 9 個月的復健後，正式宣布復出。
	12 月 18 日，受傷歸隊不到半個月，再度因左膝脛骨平台骨折抱傷下場，至少需休養 6 週。
2014	以自己的名字成立公司 Kobe Inc.，投資超過 600 萬美元。
2014-15 NBA 賽季	16 度入選明星賽，因受傷無法出賽，由火箭隊的詹姆士・哈登遞補。
	在與曼斐斯灰熊隊的對戰上，生涯出手次數達 24,535 次，超越喬丹，居 NBA 歷史第三；失球 16 次，生涯投籃不進總數達 13,421 次，超越約翰・哈維契克（John Havlicek）之前保持的 13,417 次，成為 NBA「打鐵王」。
	出戰新奧爾良鵜鶘隊時，因切入灌籃受傷，右肩旋轉肌第 3 塊肌腱完全撕裂，傷停 9 個月，Kobe 表示 2015-16 年賽季可能是他退休前的最後一個賽季。
2015-16 NBA 賽季	2015 年 11 月 29 日，透過《球員論壇》宣布他將在本賽季結束後退休，並發表《親愛的籃球》一詩。
	2016 年 4 月 13 日，籃球生涯最終戰，在最後一場對爵士的比賽中，個人拿下 60 分，成為單場獲 60 分最年長球員。
2016	與企業家傑夫・史蒂貝爾（Jeff Stibel）成立基金創投公司 Byant Stibel Inc.。

	成立多媒體工作室 Granity Studios。
	12 月，三女比安卡（Bianca）誕生。
2017	發行動畫短片《親愛的籃球》，獲得奧斯卡「最佳動畫短片」獎。
	12 月 19 日，湖人舉辦球衣背號退休儀式，將 Kobe 曾穿過的 8、24 號一起榮退。
2018	出版個人自傳《曼巴精神》一書。
2019	6 月，么女卡布莉（Capri）誕生。
2020	1 月 26 日，與二女兒搭乘直升機前往千橡市，出席曼巴基金會所舉辦的籃球比賽，意外墜機逝世，享年 41 歲。
	2 月 24 日在洛杉磯市 Staples Center 舉行「生命慶典」紀念活動，為洛杉磯湖人隊傳奇人物 Kobe Bryant 舉辦公開追思會。

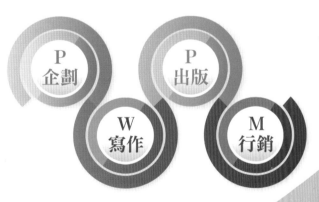

指引人生大道的明燈！

真理指引の知識服務

真永是真

- 跨時代 ☑
- 跨領域 ☑
- 融匯古今 ☑
- 中西互證 ☑

「真永是真」人生
大道，條條是經典，字字是真
理！王晴天大師率魔法講盟知識服務團隊
精選 999 個真理，打造「真永是真」人生大道叢
書，每一個真理均搭配書籍、視頻、課程等，並融入
了數千本書的知識點、古今中外成功人士的智慧經驗，全體系應用，360 度
全方位學習，讓你化盲點為轉機，為迷航人生提供真確的指引明燈！

1 ① 馬太效應	② 莫菲定律	③ 紅皇后效應
2 ④ 鯰魚效應	⑤ 達克效應	⑥ 木桶原理
3 ⑦ 長板理論	⑧ 彼得原理	⑨ 帕金森定律
4 ⑩ 沉沒成本	⑪ 沉默效應	⑫ 安慰劑效應
5 ⑬ 內捲漩渦	⑭ 量子糾纏	⑮ NFT與NFR
6 ⑯ 外溢效果	⑰ 槓鈴原則	⑱ 元宇宙
7 ⑲ 零和遊戲	⑳ 區塊鏈	㉑ 第一性原理
8 ㉒ 二八定律	㉓ Web4.0	㉔ 催眠式銷售
9 ㉕ 蝴蝶效應	㉖ 破窗理論	㉗ 登門檻效應
10 ㉘ 羊群效應	㉙ 長尾理論	㉚ AI & ChatGPT
11 ㉛ 天地人網	㉜ 創業SOP	㉝ 路徑依賴法則

333
本書

影音
視頻

999個
真理

Mook
專書

……共 999 則

真是真 真永是真

真讀書會 生日趴 & 大咖聚

真讀書會來了！解你的知識焦慮症！

在王晴天大師的引導下，上千本書的知識點全都融入到每一場演講裡，讓您不僅能「獲取知識」，更「引發思考」，進而「做出改變」；如果您想體驗有別於導讀會形式的讀書會，歡迎來參加「真永是真‧真讀書會」，真智慧也！

2023 場次
11/4(六)
13:00~21:00

2024 場次
11/2(六)
13:00~21:00

立即報名

📍 地點：新店台北矽谷國際會議中心
（新北市新店區北新路三段 223 號捷運大坪林站）

★ 超越《四庫全書》的「真永是真」人生大道叢書 ★

	中華文化瑰寶 清《四庫全書》	當代華文至寶 真永是真人生大道	絕世歷史珍寶 明《永樂大典》
總字數	8 億 勝	6 千萬字	3.7 億
冊數	36,304 冊 勝	333 冊	11,095 冊
延伸學習	無	視頻&演講課程 勝	無
電子書	有	有 勝	無
NFT & NFR	無	有 勝	無
實用性	有些已過時	符合現代應用 勝	已失散
叢書完整與可及性	收藏在故宮	完整且隨時可購閱 勝	大部分失散
可讀性	艱澀的文言文	現代白話文，易讀易懂 勝	深奧古文
國際版權	無	有 勝	無
歷史價值	1782 年成書	2023 年出版 勝 最晚成書，以現代的視角、觀點撰寫，最符合趨勢應用，後出轉精！	1407 年完成 勝 成書時間最早，珍貴的古董典籍。

「真永是真」人生大道叢書，將是史上最偉大的知識服務智慧型工程！堪比《四庫全書》、《永樂大典》，收錄的是古今通用的道理，具實用性跨界整合的智慧，絕對值得典藏！

學習領航家——
📽 新絲路視頻

讓你一饗知識盛宴，偷學大師真本事！

活在資訊爆炸的 21 世紀，
你要如何分辨看到的是資訊還是垃圾謠言？
成功者又是如何在有限時間內，
從龐雜的資訊中獲取最有用的知識？

巨量的訊息帶來新的難題，📽新絲路視頻 讓你睜大雙眼，從另一個角度理解世界，看清所有事情真相，培養視野、養成觀點！

師法大師的思維，長知識、不費力！

📽新絲路視頻重磅邀請台灣最有學識的出版之神——王晴天博士主講，有料會寫又能說的王博士憑著扎實學識，被朋友喻為台版「羅輯思維」，他不僅是天資聰穎的開創者，同時也是勤學不倦，孜孜矻矻的實踐家，再忙碌，每天必撥時間學習進修。

❶ 歷史真相系列　　　　　❺ 改變人生的 10 個方法
❷ 說書系列　　　　　　　❻ 真永是真真讀書會
❸ 文化傳承與文明之光　　❼ 魔法 VB & 區塊鏈・元宇宙
❹ 寰宇時空史地　　　　　　　打造自動賺錢機器

一同與王博士探討古今中外歷史、文化及財經商業等議題，有別於傳統主流的思考觀點，不只長知識，更讓你的知識升級，不再人云亦云。

📽新絲路視頻於 YouTube 及台灣視頻網站、各大部落格及土豆、騰訊、網路電台……等皆有發布，邀請你一同成為知識的渴求者，跟著📽新絲路視頻偷學大師的成功真經，開闊新視野、拓展新思路、汲取新知識。

新・絲・路・網・路・書・店
silkbook○com 新絲路 http://www.silkbook.com

國家圖書館出版品預行編目資料

NBA傳奇Kobe Bryant的曼巴成功學 / 吳宥忠著.. --
初版. -- 新北市：創見文化出版, 2020.4 面；公分--
（MAGIC POWER ；08）
ISBN 978-986-271-880-3（平裝）

1.布萊恩 (Bryant, Kobe, 1978-2020) 2.傳記 3.成功法

785.28   109002072

NBA傳奇

KOBE >>> BRYANT

的曼巴成功學

～小飛俠柯比激勵你的 *10* 堂課

NBA傳奇Kobe Bryant
的曼巴成功學

作者／吳宥忠

出版者／ 魔法講盟 委託創見文化出版發行

總顧問／王寶玲　　　　　　　文字編輯／蔡靜怡
總編輯／歐綾纖　　　　　　　美術設計／May
封面圖片：達志影像/提供授權

本書採減碳印製流程，碳足跡追蹤並使用優質中性紙（Acid & Alkali Free）通過綠色環保認證，最符環保需求。

台灣出版中心／新北市中和區中山路2段366巷10號10樓
電話／（02）2248-7896
傳真／（02）2248-7758
ISBN／978-986-271-880-3
出版日期／2023年6月4版10刷

全球華文市場總代理／采舍國際有限公司
地址／新北市中和區中山路2段366巷10號3樓
電話／（02）8245-8786
傳真／（02）8245-8718

全系列書系特約展示門市
新絲路網路書店
地址／新北市中和區中山路2段366巷10號10樓
電話／（02）8245-9896
網址／www.silkbook.com

本書於兩岸之行銷（營銷）活動悉由采舍國際公司圖書行銷部規畫執行。

線上總代理 ■ 全球華文聯合出版平台 www.book4u.com.tw
主題討論區 ■ http://www.silkbook.com/bookclub　　　● 新絲路讀書會
紙本書平台 ■ http://www.silkbook.com　　　　　　　● 新絲路網路書店
電子書平台 ■ http://www.book4u.com.tw　　　　　　● 華文電子書中心

Ⓑ 華文自資出版平台　　全球最大的華文自費出版集團
www.book4u.com.tw　　專業客製化自助出版・發行通路全國最強！
elsa@mail.book4u.com.tw
iris@mail.book4u.com.tw

2023世界華人八大明師高峰會

新趨勢｜新商機｜新布局｜新人生

八大盛會廣邀夢幻及魔法級導師傾囊相授，
各領域權威傳授**實戰**·**實效**·**實用**的創業 BM，
助您打造自動賺機器，一舉掌握低風險成功創業之鑰！

**免費入坐一般席，
邀請您一同躍進BI勝利組！**

🕘 時間：2023年**10/21**、**10/22**
　　　9：00 ～ 17：00

📍 地點：**新店台北矽谷**
（新北市新店區北新路三段 223 號大坪林站）

報名請掃碼

加價 1,000 元入座VIP席
享 尊爵級數萬元贈品

贈 VIP 桌椅座席，結識大咖人脈
贈 價值 3 萬元的創業、創富寶典
《**HOW TO打造自動賺錢機器**》
贈 11/11、11/12、11/25、11/26
BU 四日班：
無敵談判＋轉介紹絕學

立即訂位，保留VIP席位！

**新趨勢
新商機
新布局
新人生**

2023亞洲·世華八大名師高峰會

創業培訓高峰會，錢進元宇宙·區塊鏈·NFT，
高CP值的創業機密，讓您跨界創富！

6/10、6.

10/21、10

□ **亞洲八大名師高峰會**
時間▶2023年 6/10、6/11
每日上午 9 點到下午 5 點

□ **世界華人八大明師**
時間▶2023年 10/21、10/22
每日上午 9 點到下午 5 點

免費入場
持本券可入座一般席

地點▶ 新店台北矽谷（新北市新店區北新路三段 223 號 ◎ 大坪林站）

更多詳細資訊請洽（02）8245-8318 或上 www.silkbook.com 查詢